Heiße Luft in neuen Schläuchen

Rolf Hoerner
Katharina Vitinius

Heiße Luft in neuen Schläuchen

Ein kritischer Führer durch die Managementtheorien

Eichborn.

Die Deutsche Bibliothek – CIP-Einheitsaufnahme

Hoerner, Rolf:
Heisse Luft in neuen Schläuchen : ein kritischer Führer durch die Managementtheorien / Rolf Hoerner ; Katharina Vitinius . – Frankfurt am Main : Eichborn, 1997
ISBN 3-8218-1449-7

Umschlaggestaltung: Christina Hucke
Lektorat: Waltraud Berz
Satz: Fuldaer Verlagsanstalt, Fulda
Druck und Bindung: Werner Söderström OY, Finnland
ISBN 3-8218-1449-7
Verlagsverzeichnis schickt gern:
Eichborn Verlag, Kaiserstraße 66, D-60329 Frankfurt am Main
http: // www.eichborn.de

Inhalt

Vorwort 7

1 Beraten und verkauft 11
Die Leiden der Leitenden

2 Boss befiehl, wir folgen Dir! 17
Management by Leadership

3 Alles neu macht der Mai 26
Innovationsmanagement

4 Bunkern verboten 34
Kanban

5 Sushi für Anfänger 39
Kaizen

6 Der Kult um die Kultur 47
Corporate Culture

7 Der Wolf im Schafspelz 57
Soft Management

8 Schlank sind wir doch alle 65
Lean Management

9 Die (un)heiligen Allianzen 73
Synergiemanagement

10 Der Wendehammer 82
Change Management

11 Gemeinsam sind wir stark 92
Team Management

12 Kreativ dem Nichts entgegen 100
Management by Chaos

13 Mit jedem Tag viel schlauer werden 107
Die lernende Organisation

14 Qualität ist immer gut 114
Total Quality Management

15 Die Rettung des Vorstands 126
Business Process Reengineering

16 Die Ersten werden die Besten sein 135
Zeitmanagement

17 Ab durch die Mitte 145
Globalisierung

18 Alle Mann auf Kassakurs 150
Total Value Management

19 ...und raus bist Du! 158
Outsourcing

20 Gab's da nicht noch wen? 165
Kundenorientierung

21 Spieglein, Spieglein an der Wand... 172
Benchmarking

22 Expeditionen ins Tierreich 179
Biologistische Programme

23 Die betriebliche Sozialstation 189
Case Management

24 Ein Kessel Buntes 195
oder: Das Beste zum Schluß

Personen-, Firmen- und Sachregister 203

Vorwort

Dieses Buch sollte sich eigentlich bestens verkaufen. Zu direkt? Nun gut, sagen wir es anders. Das Werk reflektiert die Bedingungen der Nachfragemärkte in einer Weise, die bei den Marktteilnehmern ein hohes Maß an Akzeptanz erwarten lassen. Klingt doch viel besser, eben wissenschaftlich. Da nicken Manager und solche, die es werden wollen, gleich viel freundlicher. Denn das ist ihre Sprache.

Für den Erfolg der in diesem Buch augenzwinkernd sezierten Managementkonzepte sind zweierlei sprachliche Barrieren von existentieller Bedeutung:

Zum einen gibt es die Sprachbarriere zwischen Managern und dem gemeinen Volk. Gäbe es die nicht, hätten die werktätigen Massen schon längst erkannt, wie ratlos ihre Anführer sind, und sie befänden sich bestimmt schon seit Jahren im Generalstreik.

Wer in einer wirtschaftswissenschaftlichen Disziplin akademische Weihen erlangt hat, mußte zwangsweise lernen, selbst schlichteste Aussagen kompliziert auszudrücken. Schon im Grundstudium lassen sich auf diese Weise kleine Hausarbeiten unter weitgehendem Verzicht auf Inhalte prächtig gestalten. Daß jene fehlen, merkt längst nicht jeder, und selbst wenn, gewährleisten sattsam eingestreute sprachliche Schraubensalti professorales Wohlwollen. Die Autoren erinnern sich an so manches Elaborat aus eigenen Studienzeiten und verweisen an dieser Stelle auf ihre Diplomabschlüsse mit den Noten 2,7 und 1,3. Macht im Schnitt eine glatte Zwei, und damit kommt man immer durch.

Die Sprache macht's

Also, die Sprache macht´s, und nach dem Studium bleibt das ebenfalls so. Ob Controller oder Einkäufer – wer dem Chef berichtet, sollte sich nicht zu verständlich ausdrücken. Der könnte sonst die fachliche Kompetenz des teuren Mitarbeiters anzweifeln und über eine kostengünstigere Alternative nachdenken. Ebenso gestaltet sich die Lage für externe Dienstleister. Nach Strich und Faden muß schwadroniert werden, damit Umsatz und Karriere keinen Schaden nehmen. Was für den Studenten Mittel zum Zweck ist, hat für Manager und Freiberufler den Zweck, möglichst viele liquide Mittel heranzuschaffen.

Zum zweiten besteht offensichtlich eine unüberwindliche Verständigungsbarriere zwischen Beratern auf der einen und Unternehmern und Vorständen, die diese Dienstleister bezahlen, auf der anderen Seite. Viele Topmanager wissen anscheinend nicht, daß sie gutes Geld für halbgare Binsen und schlichte Selbstverständlichkeiten ausgeben.

Moment mal: Haben Geschäftsführer, Vorstände und Unternehmer denn keine Vergangenheit? Waren sie nicht selbst einmal Studenten? In aller Regel waren sie es, sieht man einmal von vorzeitigen Erbfällen in Familienunternehmen ab. Sie müßten wissen, was sie tun. Über die Gründe, die sie dennoch davon abhalten, Vernunft und Kostenbewußtsein zu demonstrieren, können wir folglich nur spekulieren.

In der Masse stirbt sich's leichter

Wir halten am ehesten eine Mischung aus Herdentrieb und blanker Angst für plausibel. Was alle machen, kann doch nicht falsch sein, und wenn doch, trifft es alle in gleichem Maße. Außerdem packt gerade in wirtschaftlich stürmischen Zeiten viele Unternehmenslenker die Panik, vielleicht ein Maßnähmchen versäumt zu haben und deshalb aus der Ertragskurve zu fliegen. Da kann doch ein wenig Lean-Reengineering just-in-time auch nichts mehr schaden. Wenn es klappt, ist alles in Butter. Klappt es nicht, ist es sowieso egal.

Manager sind heute ratloser als je zuvor. Um diesen Zustand zu beheben, gibt es immer mehr Managementgurus und deren Hilfstruppen, die Managementberater. Sie verstehen es, auf der Klaviatur der menschlichen Angst vor der Bedeutungslosigkeit zu spielen. Mit zeitgeistig verbrämten Binsenweisheiten und neuetikettierten Altheiten pusten sie heiße Luft in neue Schläuche, die in den Chefetagen begeistert eingesogen wird.

Die folgenden 24 Kapitel sind ein Streifzug durch die aktuelle Managementtheorie – wer hat welches Konzept erfunden, wie wurde es vermarktet, welche Unterstützung gewährten dabei die Medien? Nach der Lektüre wird dem Leser klar sein, daß mit diesen Konzepten auch die Geschichte der Unternehmensberatung untrennbar verbunden ist. Mehr noch: daß die Beratungsgesellschaften nachgerade davon leben.

Die CD-ROM zum Buch, das Seminar zur reinen Lehre

Das Geschäft mit den Managementhilfen floriert. Die Beraterszene schiebt in schneller Folge auf neu getrimmte Ansätze in den Markt, und drumherum gibt es jede Menge Literatur und sonstige begleitende Umsatzträger. Die CD-ROM zum Buch, das Seminar zur reinen Lehre – da jubeln doch die Konten. Für besonders viele Taler können Überzeugungstäter einen Guru für die Abendgala mieten. Der liest dann ein paar gelungene Passagen aus seinem neuen Buch vor und würzt die Veranstaltung mit launigen Geschichten aus Amerika. Wer einen echten Bestseller landet, zum Beispiel die Amerikaner Hammer und Champy mit *»Business Reengineering«*, hat für alle Zeiten ausgesorgt.

Natürlich bezweifeln die Autoren nicht, daß an so manchem Konzept etwas dran ist. Es soll sogar Beispiele für sinnstiftende Einsätze in Unternehmen geben. Ebenso würden wir nie behaupten, Unternehmensberater seien grundsätzlich geldgierige Schlawiner. Keineswegs – die Damen und Herren sind bestimmt nicht weniger rechtschaffen als Vertreter vergleichbarer Berufsgruppen und außerdem immer adrett gekleidet. Wenn sie in den folgenden Kapiteln besonders hervortreten, dann deshalb, weil in ihren Köpfen die allermeisten Managementkonzepte entwickelt, formuliert, vermarktet und irgendwann zugunsten eines neuen Consultingproduktes verworfen werden.

Daß die Beschäftigung mit Kaizen & Co. satirische Züge trägt, ist unvermeidlich. Schließlich fällt manches Konzept durch seinen Inhalt als ausgesprochen heiter auf. Außerdem hat die Arbeit an diesem Buch so mehr Spaß gemacht, und es liest sich netter.

Am guten Schluß eines jeden Vorworts stehen die Danksagungen. Die Autoren bedanken sich ganz besonders herzlich bei Brigitte Thurn, Frank Gotta und Christine Demmer, ohne deren Beratung und Hilfe das Werk viel zu spät auf den Markt gekommen wäre und die Nachfrage gewißlich verpaßt hätte.
Und dieses Consulting hat nichts gekostet!

1 Beraten und verkauft

Manager haben Angst. Denn sie haben viel zu verlieren. Management*berater* haben keine Angst. Denn sie können nur gewinnen. Zwei Seiten derselben Medaille, eine schicksalhafte Symbiose: Die Angst der einen beschert den anderen ein angstfreies Dasein.

Manager haben Angst zu versagen. Sie fürchten sich vor dem Verlust ihres gutbezahlten Arbeitsplatzes, vor dem Ausschluß aus ihrem beruflichen Netzwerk, vor dem Angewiesensein auf die Familie. Sie schweigen über ihre Furcht, aber die Ängste sind allgegenwärtig und bestimmen in weiten Zügen ihr Handeln.

Wenn Manager Entscheidungen treffen – was sie selten tun, ohne sich der Zustimmung anderer Manager zu vergewissern –, laufen sie stets Gefahr, einen Fehler zu machen. Manchmal dauert es nur einige Tage, aber es können auch Jahre vergehen, bis sich herausstellt, daß sie das ihnen anvertraute Unternehmen auf einen anderen Kurs hätten steuern sollen. Von der öffentlichen Häme über die »strategische Fehleinschätzung« bis zum unauffälligen Auszug aus der Vorstandsetage ist es dann nicht mehr weit. Die nächsten Etappen sind vorgezeichnet. Einer mehrmonatigen Auszeit – akzeptierte Gründe: Konzentration auf die Familie, Verfassen eines Buches oder Managementweiterbildung – folgt ein neues Engagement auf geringerem Verantwortungslevel oder, nach wiederholtem Durchlaufen dieser Schleife, der Schritt in die Freiberuflichkeit.

Die Stützen des Geschäfts

Fast alle Personalberater und Management Consultants der älteren Generation – in der gnadenlosen Kalkulation der Wirtschaft heißt das, kaum älter als 45 Jahre – haben zuvor eine Führungsposition in Industrie, Dienstleistung oder in der öffentlichen Verwaltung bekleidet. Sie kennen die unausgesprochenen Ängste der Entscheider aus eigener Erfahrung und können, ohne auch nur mit einer Silbe ihr Wissen anzudeuten, das tiefsitzende Absicherungsbedürfnis ihrer Klientel erfüllen. Erfahrene Berater liefern den Führungskräften weitaus mehr als Entscheidungsgrundlagen, Strategievorschläge und Konzepte: Sie vermitteln ihren Klienten das *gute Gefühl*, unternehmerische Entscheidungen nach bestmöglicher Kenntnis der Dinge und mit Zustimmung ihrer Berater getroffen zu haben.

Die Geschichte der Unternehmensberatung ist so alt wie die Menschheit, wenngleich die Berufsbezeichnungen im Laufe der Jahrtausende wechselten. In der Antike stand, je nach Kultur, der Medizinmann oder der Hohepriester dem König zur Seite. Im Mittelalter übernahmen lokale Kleriker und der Hofnarr die Aufgabe. Die Ratgeber der Unternehmensführer waren Bankiers, Juristen, Ärzte, aber auch Verleger, kluge Mätressen und einfühlsame Geishas. Etwa seit Ende des Zweiten Weltkrieges gehört den Management Consultants das Ohr der Mächtigen.

Mit der wachsenden Komplexität der Märkte und der damit einhergehenden größeren Unsicherheit über die Zukunft erhöhte sich die Unsicherheit der Manager über die richtige Methode und das richtige Handeln. Als Konsequenz daraus wuchs das Bedürfnis nach entscheidungsstützender Beratung seitens fachkundiger Experten.

Management by Bundeswehr

In den 50er und 60er Jahren übernahmen die deutschen Manager die Lehre der Mitarbeiterführung von Reinhard Höhn. Das von ihm entwickelte »Harzburger Modell« übertrug die Erfahrungen aus der Führung militärischer Einheiten schlichtweg auf die Wirtschaft, frei nach der Devise: Truppen sind Truppen. Die Aufgabe des Chefs war es, den zu beschreitenden Weg vorzugeben, die Aufgabe der Mitarbeiter war es, auf diesem Weg stur geradeaus zu marschieren.

Leider unterschlug dieses Modell die Erfahrung, daß auch Führungskräfte zuweilen irren und eine falsche Wegbeschreibung ausgeben können. Immer stärker rückten daher die nachfolgenden, aus dem Amerikanischen stammenden Leitungskonzepte (Management by Objectives, Management by Exception, Management by Delegation) die Eigenverantwortlichkeit der Mitarbeiter für die Zielerreichung in den Mittelpunkt.

In den Vereinigten Staaten hatte sich das 1911 von Frederick W. Taylor begründete »Scientific Management« nach dem zweiten Weltkrieg in unterschiedliche Managementschulen aufgespalten. Die beiden gegensätzlichen Hauptströmungen lassen sich noch heute in den modernen Führungslehren ausmachen: Auf der einen Seite standen die am menschlichen Verhalten interessierten (behavioristischen) Forscher. Sie vertraten die Ansicht, daß Unternehmensführung nicht mehr als Menschenführung sei, und dementsprechend gingen sie der Frage nach, auf welche Weise Mitarbeiter dazu bewogen werden können, gute Leistungen zu erbringen. Die zweite Gruppe pflegte einen eher mechanistischen Ansatz. Er lautete kurz & knapp: Ein Betrieb funktioniert ähnlich wie eine Maschine. Wenn ein gutes Produkt herauskommen soll, muß sie gewartet werden. Und die Männer mit dem Schraubenschlüssel waren die Manager.

Der Kreuzzug der Kästchen

Insbesondere amerikanische Wirtschaftswissenschaftler liebten die klare Sprache von Charts und Matrizen. Mit der fortschreitenden Spezialisierung der Ökonomen auf bestimmte Unternehmensfunktionen erreichte der Kreuzzug der Kästchen in den 60er Jahren seinen Höhepunkt. Mit immer ausgefeilteren Portfolioanalysen machten Managementlehrer und Beratungsgesellschaften Furore und Kasse. Und die Führungskräfte in der alten und in der neuen Welt griffen begeistert zu, sobald nur irgendein betriebswirtschaftlicher Altgedanke in einer neuen Form daherkam.

Die meisten Manager ahnen heute, daß die traditionellen Instrumente der Mitarbeiterführung ausgedient haben. Auch die Verfallsdaten der bekannten Erfolgsrezepturen sind längst überschritten. Wer 1965 sein Betriebswirtschaftsstudium abgeschlossen hat, kann – so er es nicht schon längst getan hat – alles Gelernte vergessen. Aber womit ist die methodische Lücke zu füllen, wenn es das Management by Objectives, die Erfahrungskurve und das Portfolio, die Gemeinkostenwertanalysen und die strategischen Geschäftseinheiten allein nicht mehr bringen und selbst das Management by Motivation unlängst als komplette Irrlehre entlarvt wurde?

Darf's ein Methödchen mehr sein?

Glücklicherweise steht dieser Nachfrage heute ein breitgefächertes Angebot an Methoden, Konzepten und Strategien gegenüber. Tausende von Betriebswirtschaftlern und Managementspezialisten zerbrechen sich Tag für Tag den Kopf, auf welche Weise und mit welchen Mitteln an den Erfolg vergangener Jahre angeknüpft und die Unternehmen sicher in das nächste Jahrtausend gesteuert werden können. In immer rascherer Abfolge prasseln neue Managementmodelle und Führungslehren auf die Leitenden ein. Kräftig unterstützt von den Medien, schwappt eine neue Theorie heute innerhalb weniger Monate von Nordamerika nach Europa über und beherrscht die Schlagzeilen. Das bunte Sortiment reicht von durchaus ernstzunehmenden Vorschlägen bis zum offensichtlichen Schwachsinn. Und die Manager, meist leseabstinent und chronisch zeitknapp, müssen entscheiden, wessen Stimme sie folgen wollen, sich also immer wieder neu der Ungewißheit aussetzen, ob der eingeschlagene Weg tatsächlich zum Heile führt.

Es ist zum Heulen. Freilich nicht für alle. Unternehmensberater, so beteuern die meisten, überblicken das komplette Angebot an Strategievorschlägen und sind in der Lage, von ihrem exponierten Standort außerhalb der Unternehmen die richtigen Lösungen zu präsentieren: »Wir wissen, was Sie brauchen.« Den skeptischen (und intelligenteren) Teil der Klientel sprechen sie etwas anders an: »Wir haben heute noch keine Lösung für Ihr Problem. Aber wir helfen Ihnen, die richtigen Fragen zu stellen.«

In Deutschland hat sich der Wirtschaftszweig Unternehmensberatung mittlerweile zur viertgrößten Wachstumsbranche entwickelt. Und immer mehr Consultingunternehmen schließen sich zu weltweiten Assoziationen zusammen.

Consulting goes global

Auch in den Vereinigten Staaten boomt die Beratungsindustrie, doch das hat seine ganz besonderen Gründe. Anders als in Deutschland dürfen an einem College oder an einer Universität angestellte Hochschullehrer ohne weiteres nebenberuflich ein Geschäft aufbauen und führen. Was liegt da für einen bereits arrivierten Harvard-Professor näher, als eine Unternehmensberatung zu eröffnen?

In den Vereinigten Staaten gibt es zwei Gruppen von akademischen Managementgurus. Einig sind sie sich zwar in ihrem Wunsch, eine Menge Geld zu verdienen, doch sie unterscheiden sich deutlich im Grad der Eignung. Die Geschäftstüchtigeren unterhalten neben ihrem Lehrstuhl eine eigene Beratungsfirma. Das ist gelebtes Synergiemanagement, denn mit ihren Zwangspublikationen rühren sie gleichzeitig jedesmal kräftig die Werbetrommel für sich. Und für Recherchen und langweilige Prozeßanalysen in Kundenunternehmen können sie auf ihren wissenschaftlichen Nachwuchs zurückgreifen. Der kostet nicht viel und ist begeistert bei der Sache.

Die Besserwisser

Dieses Verfahren lehnen die praktisch minderbegabten Professoren natürlich schärfstens ab. Insgeheim schielen sie aber gleichfalls voller Begehrlichkeit auf die Machtfülle und die Gehälter der Spitzenmanager in der Wirtschaft (ihre früheren Studienkollegen!). Aus Rache beziehen sie zu allem und jedem im Geschäftsalltag Stellung und wissen immer alles viel besser als die Praktiker. Das nervt die Führungskräfte erheblich. Da sich aber alle Manager im tiefsten Inneren den selbsternannten Oberlehrern von Harvard & Co. unterlegen fühlen, kritisieren sie die Elfenbeintürmler allenfalls hinter vorgehaltener Hand. Womöglich braucht man just diese Ratgeber selbst einmal.

Auch unter den japanischen Wirtschaftsprofessoren gibt es solche, die für satte Tageshonorare privat beraten, und solche, die unaufgefordert und kärglich entlohnt ihre Ansichten coram publico in den Fachblättern kundtun. Mit der Produktion neuer, spektakulärer Managementmodelle tun sich die Japaner freilich schwer. Die Gurus bevorzugen den traditionalistischen Ansatz. Sie sagen selten, was die Führungscrew von Honda und Mitsubishi verbessern muß. In der Regel studieren sie einfach den Geschäftsalltag ihrer Wirtschaftsführer, geben dem Tun einen prägnanten Namen und schreiben dazu eine passende Theorie.

Da uns das hier in Westeuropa nicht viel weiterbringt, konzentrieren wir uns im folgenden lieber auf die schillernden Neuerfindungen der amerikanischen Gurus. Die sind nämlich weitaus lustiger.

2 Boss befiehl, wir folgen dir!

Label (Herkunft):

Leadership, Management by Motivation (IMI und andere Business Schools)

Seit dem Ende des Zweiten Weltkrieges war die amerikanische Industrie an ihre Rolle als Star in einem Ensemble minderer Chargen gewöhnt. Der Glaube an den Alleinbesitz ganzer Industriezweige war entsprechend fest verankert. Doch zu Beginn der 80er Jahre rieben sich die Akteure verwundert die Augen: Da wagten es doch Unternehmer aus unbedeutenden Industrieländern immer häufiger und irritierend erfolgreich, mit amerikanischen Schlüsselindustrien zu konkurrieren. Wie sollte man das verstehen? Als vorübergehende Krise? Oder war etwa der Wettbwerb ernsthaft ausgebrochen, das Monopol unwiederbringlich dahin?

Die Eindringlinge hatten nicht nur keinen Respekt vor alten Pfründen, sie hatten auch einen großen Vorteil: In Korea, Taiwan, Mexiko, Malaysia wurde für einen Bruchteil des Stundenlohns gearbeitet, der in den Vereinigten Staaten bezahlt werden mußte. Daher war ein Ende der Invasion zwar erwünscht, aber keineswegs abzusehen. Im Gegenteil: Auch in Indien und China wurden immer mehr Waren für den amerikanischen Markt zu Lohnkosten produziert, von denen die Unternehmer im Land der unbegrenzten Möglichkeiten nur träumen konnten.

Ein gewisses Lohngefälle hatte natürlich immer schon bestanden. Mit dem Anstieg des Lebensstandards in den klassischen Industrieländern verschärften sich aber die Lohnunterschiede nun dramatisch. Und während dort die Bevölkerung nur langsam wuchs und zunehmend überalterte, wuchs sie in den Ländern der Dritten Welt dynamisch bei entsprechend sinkendem Durchschnittsalter.

Störfeuer im US-Wirtschaftsfrieden

Das Problem der Lohnkosten war noch nicht einmal der einzige Störfaktor im amerikanischen Wirtschaftsfrieden. Aggressive japanische Managementmethoden verursachten so manchen Schock zum Börsenschluß – und der Feind saß noch nicht einmal nur im Ausland. Durch »unfriendly take overs« heimischer Konkurrenten verschwanden reihenweise US-Traditionsunternehmen von der Bildfläche. Die Stärke des Dollars schuf zusätzliche Probleme. Das Land schlitterte in eine Rezession.

Es mußte etwas geschehen.

Wenn der Wind des Wettbewerbs kräftiger bläst, kann man entweder mehr Segel setzen oder die Segel ganz streichen. Wer Markteindringlinge vertreiben will, hat die Wahl zwischen dem

- hemdsärmlig-operativen Ansatz: Verbesserung der Prozeßsteuerung, Reduzierung der Kosten, Rationalisierung und andere praktische Tätigkeiten oder dem

- psycho-strategischen Ansatz: Steigerung der Leistungsbereitschaft und Wertschöpfung der Mitarbeiter durch kluges Management.

Neue Ideen braucht das Land

Bis in die 70er Jahre hinein hatten sich amerkanische und europäische Unternehmen vorwiegend auf die einfache Operative verlassen: Wenn der Fall X eintrat, war mit Maßnahme Y zu kontern. Doch angesichts der krisenhaft zugespitzen Lage stand zu befürchten, daß der Karren damit allein nicht wieder aus dem Dreck gezogen werden konnte. Folglich begann auch die amerikanische Wirtschaftswissenschaft, erneut über die Einflußnahmemöglichkeiten des Managements zu reflektieren.

Nicht zum ersten Mal, natürlich. Schon Frederick W. Taylor wollte mit seinem Scientific Management zu Beginn des Jahrhunderts die Möglichkeiten austarieren, um die Arbeitsfreude von Mitarbeitern zu steigern. Taylor war zu dem Ergebnis gekommen, daß Menschen käuflich sind: Finanzielle Anreize verbessern die Arbeitsmoral. Dem Manager oblag es allein, den zu erfüllenden Job genau zu planen und das Maß der Planerfüllung entsprechend zu honorieren.

In den fünfziger Jahren begannen sich auch Psychologen dafür zu interessieren, was den Mensch zur Leistung antreibt. B.F. Skinner untersuchte, inwieweit Menschen auf »positive Verstärkung« ihres Verhaltens reagieren. Der von ihm initiierte Behaviorismus gründet auf der Annahme, daß jeder Mensch genau das Verhalten, für das er gelobt und belohnt wird, künftig freiwillig häufiger an den Tag legt. Die Androhung »negativer Verstärkung«, also Bestrafung, hindere hingegen niemanden daran, das Falsche zu tun. Strafen brächten ihn nur dazu, den Produktionsausschuß heimlich wegzuwerfen.

Was bringt Mitarbeiter auf Trab?

Skinners Theorie ließ sich allerdings nicht problemlos auf die Wirtschaft übertragen. Die Erfahrung lehrte, daß mit Anreizen allein nicht zwangsläufig eine höhere Produktivität zu erreichen war. Selbst hochzufriedene Mitarbeiter leisteten keineswegs immer das Menschenmögliche. Da mußte es noch irgendwelche anderen Faktoren geben.

Etwas tiefschürfender war da schon der partizipatorische Ansatz von Douglas M. McGregor aus dem Jahr 1957. Mit seinem »Theory Y Management« verkündete McGregor die Botschaft: Menschen suchen Selbstbestimmung und Eigenverantwortung in ihrem Tun. Die Arbeitgeber sollten daher verantwortungsvolle Jobs und freizügige Arbeitsbedingungen schaffen. Und sie sollten ihre Mitarbeiter dazu ermuntern, sich selbst zu motivieren.

Die Kombination von Betriebswissenschaft und Psychologie erweist sich bis in die Gegenwart hinein als höchst marktgängig. Unter dem Label »Motivationsforschung« studierten viele amerikanische Wirtschaftswissenschaftler im Verbund mit Seelenkundlern, wie Managementprozesse mit Hilfe psychologischer Erkenntnisse verbessert werden können. In den schwierigen 80er Jahren wurde dringend eine Therapie gebraucht, um die neue Herausforderung zu bewältigen.

Die Leader-Macher

Und sie wurde gefunden. Aber nicht in den Vereinigten Staaten, sondern in der Schweiz.

Im Unterschied zu den bisherigen Heilmethoden zäumten die Wissenschaftler an der renommierten Business School IMI in Lausanne das Pferd nicht, wie gewohnt, vom Mitarbeiter her auf, sondern vom Manager. Ihnen ging es nicht um die richtige Zuckerbrotsorte, sondern um die wirksamste Peitsche, mithin um die Frage: Wie muß ein Manager sein, für den alle Mitarbeiter Höchstleistungen erbringen? Die Antwort war so naheliegend wie banal: Er muß echte Führungsqualitäten haben. Er muß ein *Leader* sein. Ein guter selbstverständlich, kein Stalin etwa oder ein Hitler. Kein Napoleon, denn der war ja letztlich auch gescheitert. Manager machen Sachen richtig – Leader machen die richtigen Sachen (frei nach John Kotter).

Aufgeregt kramten die IMI-Professoren ihre angestaubte Schullektüre hervor und lasen die klassischen Kriegsreportagen von Gaius Julius Caesar *(»De bello Gallico«)*, Flavius Josephus *(»Geschichte des Jüdischen Krieges«)* und Carl von Clausewitz *(»Vom Kriege«)* nun mit gänzlich anderen Augen. Wie war er eigentlich, der siegreiche Heerführer? Und was kann man(ager) heute daraus lernen? Denn was sind die Märkte letztlich anderes als Schlachtfelder, auf denen sich das Schicksal von Unternehmen entscheidet?

Der Anführer im Kampfgetümmel, so konnte man den Berichterstattungen entnehmen, entwickelt eine Strategie und sorgt durch angemessene Befehle an das Fußvolk dafür, daß sie in die Tat umgesetzt wird. Er sagt klar, wo's lang geht, ist hart, aber gerecht und feuert seine Mannschaft in regelmäßigen Abständen mit markigen Worten zur Vernichtung des Feindes an. Und das Schönste: Seine Truppe gewinnt immer.

Das Bild war brauchbar, entschieden die Wissenschaftler. Und schon war das Managementmodell by Leadership geboren.

Mit dieser Analogie bewegten sich die Erfinder allerdings auf einem schmalen Brett.

Autorität ist gut, Diktatur ist böse

Die Historie hat gezeigt, daß es nicht nur weiße Ritter unter den siegvollen Kampfherren gibt, sondern auch üble Gestalten, Tyrannen, Despoten und Diktatoren. Und Manager verstehen sich zwar gern als hart, ehrgeizig und per definitionem erfolgreich, weisen gleichzeitig aber alle Vergleiche mit Diktatoren empört von sich. Autorität ist gut, Diktatur böse. Das nun propagierte Managervorbild, der Leader, durfte also keinesfalls auch nur annähernd in die Nähe des Bösen geraten. »Gute« Autorität hatten die alten Gründerpersönlichkeiten an den Tag gelegt, die Helden der jeweiligen Aufbauphasen. Sie waren einfach davon ausgegangen, daß das von ihnen gesteckte Ziel erreicht werden mußte, ohne Rücksicht auf Verluste oder irgendwelchen Sozialklimbim. Sie befehligten einen gehorsamen Stab von Führungskräften in ihrer zentralistisch ausgerichteten Organisation, der für die Umsetzung der Tagesbefehle sorgte. Mit Hilfe eines erfolgsorientierten Beurteilungssystems setzten sie normgerechtes Verhalten durch. Wer nicht spurte, wurde gefeuert. Wer ins Konzept paßte, wurde angeheuert. Und nur der.

Ganz so machtbewußt konnte man in den 80er Jahren allerdings nicht mehr daherkommen. Es mußte schon etwas sensibler sein. Die Mitarbeiter waren längst nicht mehr so naiv wie früher, viele bestanden sogar auf individuellen Entfaltungsmöglichkeiten und akzeptierten Autorität mit diktatorischen Anflügen nicht mehr kritiklos. Die Macht als solche hatte einen starken Imageverlust verbuchen müssen.

Wie sieht der Leader von morgen aus?

Also gingen Wissenschaftler – und im Schlepptau natürlich die Unternehmensberater – auf die Pirsch nach dem zeitgemäßen Leadertyp und einem praktikablen Managementkonzept. Nicht nur amerikanische Wissenschaftler und US-Consultants, sondern auch ihre

Kollegen in Deutschland und anderen europäischen Ländern (aber das versteht sich ja von selbst...).

In Deutschland hatte man dummerweise ein kleines Spezialproblem. »Leader« heißt nun einmal »Führer«. »Führer« ging aber nicht, aus historischen Gründen, und deutsche Manager waren auch partout nicht bereit, unter dem Titel »Führer« anzutreten. »Leiter« ging auch nicht, denn so hießen die Topmanager im sozialistischen Sprachraum. Die Verlegenheitslösung »Führungspersönlichkeit« wirkte etwas schwerfällig und angegraut. Je nach anvisierter Branche entschied sich die Beraterzunft daher entweder doch für den ehrwürdigen Titel »Führungspersönlichkeit« oder für die schlichte Übernahme des englischen Originals. Denn das Wort klingt nun mal forsch und dynamisch und erfolgversprechend, und genau das will jeder Manager auf der Welt sein. Mit dem Leader taten sich nur die Sprachpuristen schwer.

(Im übrigen war dies nicht das erste Mal, daß ein Terminus aus der Lieblingssprache der Consultants entwendet wurde. Es sollte auch nicht das letzte Mal bleiben.)

Kommandanten waren nicht in Mode

Der deutsche Leader der 80er Jahre, darauf konnte man sich verständigen, durfte seine Macht zwar ausüben, aber bitte dezent, nicht ganz so hart, und vor allem gerecht. Kommandanten waren im Moment nicht in Mode. Das Instrumentarium mußte zeitgemäß sein und dennoch effizient. Zeitgemäß und topaktuell war in diesen Jahren der Terminus »Motivation«. Motivation war das Kultwort schlechthin. Jeder, der irgend etwas irgendwie anders machen sollte, mußte erst einmal motiviert werden. Vom Schüler in der Grundschule bis zum Soldaten in der Grundausbildung, in der Pudelzucht und bei der Kegelmeisterschaft – ohne Motivation lief einfach nichts mehr.

Die logische Konsequenz war das Label »Management by Motivation«. Der Anglizismus nahm der Theorie nämlich den verdächtigen Psycho-Touch. Und Motivation ließ sich im übrigen viel besser verkaufen als jedes Kontrollsystem.

■ ... und was steckt dahinter?

Der gute Leader der 80er Jahre führte zwar, aber nicht stur geradeaus. Er motivierte erst einmal. Genauer: Er tat so, als ob. Er hielt feurige Ansprachen an sein Volk, pardon: die Belegschaft; er führte das innerbetriebliche Duzen als äußeres Zeichen der inneren Verbundenheit ein; er verteilte flurauf, flurab verbale Streicheleinheiten und versicherte jedem Mitarbeiter, dessen er habhaft werden konnte, immer wieder, daß er (der Boss) von ihm (dem Mitarbeiter) nur das Allerbeste erwarte. Falls Buchhalter Koslowski darauf verblüfft nach dem Grund fragen sollte, sprach der Leader den ultimativen Motivationszauberspruch aus: »Koslowski – ich brauch' Sie.«

Das war ein geschickter Schachzug der Topmanager gegen ihre subalternen Hilfsleader. Denn wenn nun der Absatz aus irgendwelchen Gründen stockte, konnte man die Schuldigen blitzschnell festnageln: irgend jemand hatte wohl demotiviert.

Noch geschickter verhielten sich mal wieder die Schutzengel der Manager, die Berater. Selbstverständlich boten sie sich prompt als ausgewiesene Motivationstrainer an, und selbstverständlich waren sie in der Lage und willens, ihr delikates Know-how in mehrtägigen Motivierungs-Crashkursen feilzubieten. Denn: Wer motivieren will, muß ja erst einmal lernen, wie man das macht. Das Talent dazu ist nicht angeboren. Nur Psychotrainer und Unternehmensberater verfügen von Haus aus darüber. Den Beweis dafür traten sie indirekt an: Sie motivierten eine zahlungswillige Klientel dazu, das Motivieren zu lernen.

Mythos Motivation

Deutsche Unternehmen sind, was die Aus- und Weiterbildung ihrer Mitarbeiter angeht, auffallend spendabel. Besonderen Wert legen sie bekanntlich auf die Schulung und fachkundige Beratung ihrer Führungskräfte. Da wird nicht gekleckert, nein, geklotzt. Das läßt sich an den Beträgen ablesen, die die Beraterbranche weltweit jährlich umsetzt. Genaue Zahlen werden aus verständlichen Gründen nicht veröffentlicht. Insider schätzen den Posten auf 30 bis 40 Milliarden Dollar.

Daher überraschte es niemanden, daß sich die offerierten Motivationsseminare sofort eines regen Zulaufs erfreuten. Wer wollte nicht motivieren lernen, wenn sich damit der Gewinn automatisch und gar prächtig steigern ließ?

Und sonst?

Wer seine Leute gut motiviert, schafft die Grundlage für beste Qualität (siehe Kapitel 14: Total Quality Management). Das ist auf den ersten Blick einleuchtend. Nun ist Mitarbeitermotivation ein Thema, über das sich in einem runden Dutzend akademischer Fachbereiche promovieren läßt. Ob der zusätzliche Geldschein in der Lohntüte Wunder wirkt, die kollektive Gymnastik am Morgen oder der besonders edle Schreibtisch, ist allein eine Frage persönlicher Vorlieben. Wenn die ausgeprägte Motivation aller Mitarbeiter plötzlich die Voraussetzung für ein erfolgreiches Unternehmen ist, dann stellen sich Unternehmer selbst ein Armutszeugnis aus. Und sie bringen sich in Gefahr, in Zeiten, in denen der Wind aus einer anderen Richtung weht, ihre unternehmerische Aufgabe mal wieder neu definieren zu müssen.

Der Unternehmensberater Reinhard K. Sprenger stellte 1991 eine ganz neue These zur Motivation auf. Er behauptet nämlich, daß kein Mensch einen anderen Menschen motivieren könne – man könne allenfalls die demotivierenden Barrieren im Unternehmen (gemeint ist damit alles und jeder, das und der die Lust an der Leistungserbringung hemmt) abbauen. Einige seiner Thesen im Schnelldurchlauf, zitiert aus Sprengers Buch *»Mythos Motivation«:*

- Alles Motivieren ist Demotivieren.
- Alle Motivierung zerstört die Motivation.
- Die Bonus-Praxis in den Unternehmen ist die Krankheit, für deren Heilung sie sich hält.
- Motivierung ist wie Doping im Sport: Man spürt den Schmerz nicht mehr.

- Leistungsbereitschaft kann man nur behindern.
- Führen ist vor allem das Vermeiden von Demotivation.

Und wenn´s ans Eingemachte geht?

Die Richtigkeit der Sprengerschen Thesen wird heute nicht mehr bezweifelt. Denn auch die grassierende Angst um den Job zum Beispiel wirkt nur sehr bedingt motivierend. Sie verstärkt eher die Tendenz, nur nicht aufzufallen. Immer schön pünktlich sein, nicht öfter die Grippe nehmen als statistisch vorgesehen, nach der Schicht die Werkbank ordentlich aufräumen – das ist in den 90er Jahren vom Management by Motivation übriggeblieben.

Warum sollte ein Mitarbeiter auch besonders motiviert zu Werke gehen, wenn ihm die Unternehmenslenker dauernd zeigen, daß das im Ernstfall nichts bringt? Bis zuletzt fröhlich pfeifend Schiffe basteln bei der Bremer Vulkan? Ein »Wir bauen-die-besten-Fernseher-der-Welt-Gefühl« bei Grundig? Wer des Lesens mächtig ist oder einen Fernseher besitzt, wird Motivationsveranstaltungen spätestens dann als blanken Zynismus enttarnen, wenn im Betrieb Rationalisierungsmaßnahmen ergriffen und Mitarbeiter entlassen werden.

Aber das steht auf einem anderen Blatt. Schlagen Sie Seite 126 auf.

3 Alles neu macht der Mai

Label (Herkunft):

Innovationsmanagement (Peter Drucker, Wolfgang Staudt);
Entwicklungsmanagement (Arthur D. Little);
New Venture Management (Booz, Allen & Hamilton)

Von Innovationen hörten die deutschen Unternehmer zum ersten Mal im Herbst 1986. Natürlich nicht alle deutschen Unternehmer, sondern nur die kleine, verschworene Abonnentenschar des »*Blick durch die Wirtschaft*«. Im nämlichen Herbst 1986 startete der »*Blick*« eine Serie des Bochumer Betriebswirtschaftprofessors Wolfgang Staudt, die den Lesern in 24 Folgen beibrachte

- was Innovationen sind,
- warum Innovationen gut sind und
- wie ein Betrieb Innovationen erzeugen kann.

(Obwohl müßig zu erwähnen, tun wir´s doch: Die Idee hatte der deutsche Ökonom bei dem amerikanischen Managementguru Peter Drucker gefunden. Der war schon Jahre zuvor darauf gekommen.)

Die Wirtschaft braucht immer wieder neue Produkte (die man verkaufen kann) und neue Produktionsverfahren (mit denen man kostengünstiger produzieren und deshalb profitabler verkaufen kann). Nur die stete Aufeinanderfolge von Innovationen befördert den Wettbewerb, und Wettbewerb ist – wie man seit Adam Smith und Joseph Schumpeter weiß – gut. Denn der Wettbewerb, das ist seit ein paar hundert Jahren bekannt, bringt Wohlstand für alle.

Es lebe die Innovation!

Wir fördern also die Innovation im Unternehmen. Zielgerichtet fördern wir sie, am besten mit einem besonderen Augenmerk auf profitable und zukunftsträchtige Entwicklungen. Das geschieht frei nach dem Motto: Damit wir auch morgen noch kraftvoll verdienen können. Dazu müssen kreative Prozesse initiiert und gelenkt werden.

Effizient, effektiv und natürlich innovativ, die drei Adjektive beherrschen eindeutig das Vokabular des Managers unserer Tage. In substantivierter Form sorgen sie für sprachliche Abwechslung, außerdem läßt sich dann leicht noch das unvermeidliche »management« anfügen. Ein gescheites Innovationsmanagement sorgt für mehr Effektivität in den betrieblichen Abläufen, was letztlich effizient ist. Fortgeschrittene in Sachen Managementdeutsch tauschen die Begriffe innerhalb einiger Sätze einfach mal aus, denn schließlich führt nur ein effektives Effizienzmanagement zur wahren Innovation. Klar?

Früher, etwa bis in die erste Hälfte des 20. Jahrhunderts hinein, waren die Deutschen innovativ, ohne den Begriff auch nur gehört zu haben. Die Basis des Wirtschaftswunders und der expansiven Entwicklung der deutschen Volkswirtschaft bis zur ersten Ölkrise der 70er Jahre waren traditionell gute Produkte, die selbstverständlich Detailverbesserungen (= partielle Produktinnovationen) erfuhren. Die schon von den Nazis propagierte Motorisierung der Massen nahm ihren Lauf, den Uralt-Industrien rund um Kohle und Stahl ging es ein letztes Mal gut, und sogar die IG Farben feierte indirekt mit. Aus dem mörderischen Chemiegiganten, bei dem sich Zehntausende zu Tode schufteten, gingen feinste Industrieadressen hervor, darunter BASF, Hoechst und Bayer, deren Aktien heute in keinem Depot konservativer Anleger fehlen.

Verwalter denken selten quer

Aus der deutschen Wirtschaft war mithin schnell ein quicklebendiger Rekonvaleszent geworden, der seinen alliierten Pflegern bald sagte, wo Bartel den Most holt. Der neue Wohlstand mußte verwaltet werden, nicht etwa verteidigt. Der Deutsche als solcher verwaltet ausgesprochen gern, nur fallen Verwalter ziemlich selten als kreative Querdenker auf. Dementsprechend galt

Querdenkerei weniger als Vorsorgemaßnahme für eine wirtschaftlich ungewisse Zukunft, sondern eher als Nestbeschmutzung. »Was wollt ihr denn, es geht uns doch gut«, bekamen die wenigen Mahner mit Wirtschaftsverstand zu hören. Politisch motivierten Nörglern wurde mit einem markigen »Geht doch rüber« der baldige Umzug in die DDR nahegelegt.

Zur Olympiade 1968 besaß die Mehrheit der Haushalte einen Fernseher, und das durchschnittliche Übergewicht der Deutschen stieg unaufhaltsam. Alles lief bestens. An Stereoanlagen aus Japan, Schiffe aus Korea und Turnschuhe aus Vietnam dachte kein Mensch, und Innovation war kein Thema. Was es schon gab, war das Vorschlagswesen in der Industrie. Wenn dem Arbeiter am Band auffiel, daß statt der drei Schraubverbindungen am Werkstück zwei ausreichen würden, bekam er dafür einen Geschenkkorb. Bedeutsamere Verbesserungsvorschläge führten schon einmal zu größeren Bargeldgeschenken. Doch weder der Videorecorder, der Mikrochip noch die genmanipulierte Wintergerste wurden auf diesem Weg erfunden.

Für die grundsätzliche Betrachtung deutscher Innovationsschwäche ist das betriebliche Vorschlagswesen uninteressant. Es findet hier auch nur deshalb Erwähnung, weil seine Existenz ab und an als Indikator für Innovationsfreude mißdeutet wird.

Der Japaner lacht sich ins Fäustchen

Wir fassen zusammen: Wenn es der Wirtschaft gutgeht, gibt es zuwenig Innovation, weil sie nicht notwendig zu sein scheint. Geht es schlecht, will niemand für kreatives Denken mit zwangsläufig unbekanntem Ausgang bezahlen. Und unabhängig von diesen Umständen ist der Deutsche im statistischen Mittel weniger innovations- als verwaltungsfreudig. Da lacht sich der Japaner doch ins kleine Fäustchen.

Aber wir haben doch...

... Siemens-Nixdorf, Grundig, VW und Daimler! Richtig, alles Perlen der deutschen Industrie beziehungsweise das, was von ihnen noch übrig ist. Volkswagen ist nach wie vor vollständig. Da werden Autos gebaut, die der Tester für gut befindet und weltweit gern gekauft werden. Das ist erfreulich für Aktionäre und Mitarbeiter, keine Frage. Aber wir reden über Innovation, und des Deutschen liebstes Kind gibt diesbezüglich generell wenig her, ob bei VW oder anderswo. Die dritte Bremsleuchte? Aluminium statt Stahlblech für die Edelkarosse? Der Einarmwischer mit variablem Hub? Das sind nette Gimmicks, aber noch längst keine Innovationen.

Innovatives Denken wäre gefragt, um endlich ein brauchbares Drei-Liter-Auto auf die Räder zu stellen. Da winden sich die Akteure zwischen Wolfsburg und Untertürkheim und packen lieber noch ein paar zusätzliche Airbags obendrauf. Wahrscheinlich dauert es nicht mehr lange, bis bei einem kapitalen Crash der erste Kleinwagen dem Druck zahlloser interner Luftkissen nachgibt und einfach platzt.

Die Automobilindustrie verdient ihr Geld, bei Licht betrachtet, mit einer ausgereizten Technologie. Schlechte Autos kommen nicht mal mehr aus England. In mittlerer Zukunft könnte auch der national einkaufende Autofetischist erkennen, daß ihn ein Mazdamitsuyota ebenso von A nach B bringt. Dann wäre es nicht auszuschließen, daß die deutschen Autohersteller auf ihrem Heimatmarkt gewaltig Federn lassen müssen.

Innovationen gibt´s auch ohne Räder

Beim High-Tech-Unternehmen Siemens-Nixdorf sieht die Sache anders aus. Der Doppelname entstand durch Adoption der Paderborner Computerleiche Nixdorf durch den Elektro-Giganten Siemens. Pionier Nixdorf wurde zu Zeiten richtig groß, in denen Computer eher verteilt denn verkauft wurden. Der Markt boomte vor sich hin und war damals wie heute ausgesprochen schnellebig. Das Ende von Nixdorf drohte, als sich in der Branche technologische Trends abzeichneten, die das Unternehmen nicht oder zu spät nachvollzog. Der Personal Computer, zu Beginn der 80er Jahre eine Innovation erster Güte, wurde noch Jahre später von Heinz Nixdorf als »Spielzeug« tituliert. Eine der schillernden Figuren im weltweiten Computergeschäft erlitt Schiffbruch, weil er seine Märkte falsch einschätzte und auf vorhandene Technologien setzte, statt neue Entwicklungen zu fördern.

Daß die Münchner Siemens AG das einstige Aushängeschild deutschen Computerbaues am Konkurs hinderte, darf getrost als politische Entscheidung betrachtet werden. Im Lauf der Jahre kostete die Lebenserhaltung einige Milliarden, zu bereinigen um Steuerersparnisse der Bank mit angegliederter Elektroabteilung. Ohne die Devise »buy German« bei öffentlichen Auftraggebern, Post und Bahn hätte Siemens seinen teuren Pflegefall längst ins Heim gegeben.

Vom Muster- zum Pflegefall

Ganz schlimm wird's bei Grundig. Das Familienunternehmen war einmal anerkannte Topadresse für alles, was den Deutschen elektronisch unterhielt. Kofferradios, Hi-Fi-Anlagen und natürlich Fernseher kamen aus dem Fürther Werk des Patriarchen Max Grundig. Am guten Ruf von Produkten »made in Germany« hatten die Bayern einen soliden Anteil. Heute wäre ein solches Label bestimmt nicht mehr verkaufsfördernd, was nicht viel ausmacht, weil es in Deutschland hergestellte Unterhaltungselektronik ohnehin kaum noch gibt. Garant für neuzeitliche Technik, innovatives Design, gute bis hervorragende Qualität und korrekte Preise sind in dieser Branche Namen wie Panasonic, Sony oder Onkyo, allesamt aus Japan. Der Ruf von Grundig hat so massiv gelitten, daß der Name fast schon zum Synonym von Verschnarchtheit mutierte.

Gut, das sind nur Beispiele. Es sind freilich Beispiele, die aufzeigen, daß sich Innovation weder verordnen noch nennenswert managen läßt. Denn es sind immer einzelne Menschen, die auf einen kreativen Gedanken kommen und ihn – aller Widerstände im Unternehmen zum Trotz – durchsetzen. Menschen machen Innovationen, wenn man ihnen geistige Freiräume und Mut zu scheinbar verrückten Ideen gibt. »Managen« kann man die Innovationslust überhaupt nicht. Viele Unternehmen investieren Riesensummen in Führungstechniken und Motivationsseminare, um die Innovationslust ihrer Mitarbeiter anzukurbeln. Doch das geht nicht, behauptet der Motivationsforscher Reinhard Sprenger. Einer seiner Hauptsätze lautet nämlich: »Alles Motivieren ist Demotivieren.« Anstatt die Begeisterung der Belegschaft mit Hilfsmitteln zu stärken, solle man schlicht die motivationsfeindlichen Barrieren im Unternehmen abbauen. Und das heißt: schlechte Führungskräfte feuern, ein leistungsfeindliches Betriebsklima verbessern, den Mitarbeitern die frustrierenden Arbeiten erlassen und die Firmenparkplätze näher an den Haupteingang verlegen. Mehr ist nicht drin.

■ ... und was steckt dahinter?

Nichts, oder jedenfalls nicht viel. Angewendet auf einen mittelständischen Hersteller feiner Strickwaren ließe sich die Worthülse Innovationsmanagement vielleicht auf den tollen Tip reduzieren, ab und an ein neues Motiv auf die Socke zu bannen, was effektiv zu Umsätzen führen könnte. Kurzum, die effiziente und/oder effektive Innovation bildet eine der sprachlichen Speerspitzen überflüssigen Management-Geblubbers.

Nun stehen Effizienz und Effektivität gottlob auf der schwarzen Liste eines jeden ernstzunehmenden Sprachschaffenden, denn was immer paßt, paßt eigentlich nie. Die Innovation ist noch von keinem Bann betroffen, leider. Es klingt halt so positiv. Innovationen könnten die Regenwälder retten, Rußland zum Wohlstand führen und den Sozialdemokraten zur absoluten Mehrheit im Bundestag verhelfen. Wie jeder weiß, ist keines dieser Ereignisse in Sicht. Vielleicht liegt das daran, daß die wunderbare Erneuerung im Zusammenhang mit Sockenmotiven verschlissen wird und deshalb keine Zeit für die wichtigen Dinge im Leben findet.

Besonders auffällig in ihrer Inhaltsleere sind in diesem Zusammenhang die bunten Prospekte einer dem Leser mittlerweile gut bekannten Spezies. Genau, die Unternehmensberater. Bei ihnen geht es innovativ wie sonst nirgendwo zu, und selbst die Effizienz steht effektiv auf keiner Tabuliste. Innovation verkauft sich prächtig. Und weil die Berater sinnvolle Neuerungen nicht im Köfferchen haben, beschränken sie sich darauf, das Management derselben zu vermarkten. Einem Unternehmen mangelt es an Innovationskraft, es beauftragt die Beratung und bezahlt das Managementkonzept. Das ist doch innovativ, oder?

Innovativ sein, jawoll!

Innovativ sein bedeutet kreativ sein, und diese Fähigkeit gibt es in keinem Basar der Welt zu kaufen. Auch die Aktennotiz, mit der Anweisung »Heute besonders kreativ sein!« bringt nichts. Den gleichen Effekt, allerdings bei deutlich höheren Kosten und humoristisch wertvoller, haben Seminare, zu denen viele Unternehmen ihre Leute nötigen. Da sitzen erwachsene Menschen irgendwo in einem Hotel, bevorzugt in der landschaftlich reizvollen Einöde, und benehmen sich eigenartig.

Vielleicht stellen sie sich im Kreis auf, fassen sich bei den Händen und rufen im Chor »Es beginnt ein kreativer Tag!«. Vielleicht ergehen sie sich auch in albernen Rollenspielen oder ruinieren ihr Outfit durch untrainiertes Gefummel mit Knetmasse. Da fehlt nur das kollektive Einüben der Hechelatmung zwecks Unterstützung kreativer Preßwehen. Den Teilnehmern ist's mehrheitlich gleich, schmecken doch die Schnäpse am Abend in der Hotelbar ganz unabhängig vom Seminarinhalt.

Kreativität kann man nicht kaufen und nur bedingt lernen. Bedingt deshalb, weil der eine oder andere gute Geist lernen kann, sich über Hemmnisse hinwegzusetzen. Kreativ muß der Geist vorher schon sein, nur hätte dann sein Unternehmen auch etwas davon.

Graumäuse haben das Sagen

Warum also mangelt es an Kreativität in deutschen Unternehmen? Es gibt dafür systembedingte Gründe. Systembedingt leben wir in Zeiten, die allen anders lautenden Reden zum Trotz vielen Menschen nahelegen, sich unauffällig zu verhalten. Wer in seinem Job immer mittelgut ist, mittellaut und mittelschnell, der wird nie Held der Arbeit, fliegt aber auch niemals in der ersten Entlassungswelle raus. In einem Konzern mit einigen zehntausend Mitarbeitern funktioniert das von der Lehre bis zur Rente und vom Pförtner bis zum Leiter des Beschaffungswesens.

Da Mittelmaß relativ ist, versucht der Mittelmäßige seine Position zu festigen, indem er andere ansteckt. Je mehr Mittelmäßige herumlaufen, desto weniger Beachtung wird der einzelnen Niete geschenkt. Wo sich also unauffällig der Fortschritt behindern läßt, wird er behindert, denn Veränderungen schmecken dem Mittelmaß grundsätzlich nicht. Es könnte ja sein, daß sich die Mitte dadurch irgendwohin verschiebt und neu gefunden werden muß.

Dieses Denken ist systembedingt. Der real existierende Kapitalismus erlaubt dem einzelnen nur in Zeiten ungezügelten Wachstums kreatives Schaffen, jedenfalls theoretisch. Heute klagen die Unternehmen über ihre grauenvolle Kostensituation und daß für zukunftsorientierte Innovationstätigkeit einfach kein Geld übrig sei. In den Vorstandsetagen hat deshalb der gnadenlose Costcutter Konjunktur, der Eliminierer liquiditätsbelastender, unproduktiver Nischen im Unternehmen. Ein Ende dieses Trends ist nicht in Sicht. Und das innovative Denken hat sich bedauerlicherweise in einer solchen Nische erwischen lassen. »Es wurde gecostcuttet.«

4 Bunkern verboten

Label (Herkunft):

Kanban (Kanichi Sekine, Japan); Just-in-Time, Material Resource Management (USA)

Kanban und die amerikanische Entsprechung Just-in-Time (JIT) wurden ausnahmsweise nicht von Unternehmensberatern erfunden. Deshalb kommt man freilich noch lange nicht um die Consultants herum. Erstens verstehen nur die Berater, was überhaupt gemeint ist. Zweitens braucht man sie, um diese Optimierungsmethoden im Unternehmen einzuführen. Und drittens sind nur Unternehmensberater in der Lage, die von ihnen implementierten Systeme von Zeit zu Zeit auf Schwachstellen hin zu analysieren, sprich: Prozeßoptimierung zu betreiben.

Kanban (wörtlich: Schautafel) heißt Produktion ohne Lagerhaltung und bedeutet fertigungssynchrone Materialwirtschaft. Kanichi Sekine ist einer der japanischen Vorreiter, die bereits vor 30 Jahren begonnen haben, die Fertigungsabläufe zu optimieren. Dahinter steckt die Idee, Leerzeiten und Lagerhaltungskosten so weit wie möglich zu verringern, um die Fertigungsdurchläufe kurz und die Kosten dafür gering zu halten.

Der Computer spielt die Hauptrolle

Bei Kanban spielt der Computer eine zentrale Rolle. Er sagt, was wann und wo und wie produziert werden soll. Da die Lagerhaltung bei den größeren Unternehmen weitestgehend der Vergangenheit angehört, ist dieses System darauf angewiesen, daß die Zulieferer den genauen Zeitpunkt wissen, wann sie für Nachschub sorgen müssen, um dann auch »Just-in-time« zu liefern. Als herausragendes Beispiel für die Verkürzung der Planungszeiträume gilt der japanische Autohersteller Toyota. Dessen Kanban-Experten gelang es tatsächlich, den Planungshorizont von 30 Tagen auf höchstens drei zu verkürzen. In manchen Unternehmen bringen die Zulieferer sogar täglich die Rohmaterialien ins Haus.

Das direkte Konkurrenzprodukt zu Kanban ist die Materialressourcen-Planung. Der Unterschied: Kanban und JIT gehören zu den sogenannten »Pull-Systemen«, während die Materialbedarfsplanung als »Push-System« bezeichnet wird. Pull-Systeme beginnen mit der Produktion als Reaktion auf eine Bestellung. Push-Systeme produzieren für die zu erwartende Nachfrage. Ein einfaches Beispiel soll das verdeutlichen:

Push- und Pull-Systeme

Der Bäcker, der sich morgens in die Backstube stellt, fertigt für eine zu erwartende Nachfrage. Er schätzt ungefähr ab, wieviel er am heutigen Tag verkaufen kann, und plant dann die Sorten und Mengen, die er backen möchte. Nach dem gleichen Verfahren ordert er seinen Nachschub an Mehl und sonstigen Zutaten. Seine Kalkulation gibt den Anstoß zur Produktion – deshalb Push.

Die Verkäuferin der belegten Brötchen dagegen greift erst dann zum Buttermesser, wenn der Kunde in der Bäckerei seine Wünsche vorträgt. Stürmen die Kunden das Geschäft, wird sie vielleicht einige Brötchen vorfertigen. Sobald die Nachfrage aber sinkt, wird sie ihre Produktion und eventuelle Nachschubwünsche sofort wieder drosseln. Der Kunde gibt den Anstoß zur Produktion – Pull.

Bei der Materialbedarfsplanung wird der Produktionsprozeß in einzelne Teilabschnitte gegliedert. Nach Erfahrungswerten werden die Nachfrage, die Zeit, um sie zu befriedigen, und die erforderlichen Materialien geschätzt. Der Schlüssel dieses Systems ist die Bearbeitungszeit, die zum Beispiel benötigt wird, um einen Videorecorder aus seinen Einzelteilen zu montieren. Die Fabrik orientiert sich dabei an der geplanten Auslieferung des fertigen Produkts.

Bei der Weiterentwicklung der Bedarfsplanung werden auch die Produktion der verschiedenen Komponenten des Endprodukts, die Lieferung dieser Teile an die Fertigung, die Überwachung der Lagerbestände und, falls nötig, dessen Auffüllung veranlaßt. Materialbedarfsplanung setzt feste Bearbeitungszeiten und ein stabiles Fertigungsumfeld voraus. Dadurch kann es unflexibel werden. Denn wenn die Aufträge nicht rechtzeitig erledigt werden, sind die Mitarbeiter in der Fertigung selbstverständlich bestrebt, die Bearbeitungszeiten zu verkürzen. Die Folge dieser Anpassung: Die Lagerbestände schwellen an, weil die Aufträge nun zu früh erledigt werden.

Wer aber schneller produziert als geplant, produziert damit nicht unbedingt auch besser. Es gibt zwar mittlerweile eine Reihe von computergestützten Techniken, um das System so flexibel zu gestalten, daß die Durchlaufzeiten variabel werden. Das erhöht jedoch wieder die nicht unerheblichen Kosten für Hard- und Software.

Hand in Hand dem Erfolg entgegen

Kanban wird oft mit dem Bild eines Eimersystems beschrieben: Jeder Mitarbeiter im Fertigungsablauf reicht einfach einen Eimer weiter – und man kommt ohne Lager aus. Läßt am Ende des Prozesses der Bedarf nach, arbeiten die Mitarbeiter einfach langsamer. Dabei setzt der Langsamste den Maßstab in der Bearbeitungszeit.

Da das JIT-System auf Aufträge reagiert, dringen Veränderungen in der Nachfrage nur allmählich in der Produktionskette durch. Selbst wenn es frühzeitig bekannt wird, daß sich eine Situation ändern dürfte, dauert es manchmal Monate, bis in einem Kanban-System auf die neue Situation reagiert wird. Schmerzhaft mußten das einige amerikanische Hersteller erfahren, die auf Lieferungen aus Japan angewiesen waren. Es dauerte länger als drei Monate, bis sich ihre Zulieferer an die neuen Umstände angepaßt hatten.

Ob Pull- oder Push-Systeme, beide haben ihre Vor- und Nachteile. Die meisten Fertigungsunternehmen kombinieren deshalb heute beide Methoden.

Bis dahin kämpften freilich die Vertreter beider Methoden mit allen Mitteln um die Vorherrschaft. Anfang der 90er Jahre erschien in einem amerikanischen Fachblatt für Produktionstechnik eine reißerisch aufgemachte Anzeige: »Just-in-Time oder Material-Ressourcen-Planung? Wenn Sie überleben wollen, wählen Sie Just-in-Time!« Dieser Schlachtruf macht deutlich, welcher Glaubenskrieg vor noch wenigen Jahren um die beiden Systeme tobte.

Materialbedarfsplanung vs. JIT

Auf der einen Seite kämpften die Verfechter des Kanban- und JIT-Prinzips. Sie befürchteten die Weltherrschaft der Japaner und bemühten sich deshalb nach Kräften, diese um so eifriger nachzuahmen. Auf der anderen Seite argumentierten die kühlen Techniker der Materialbedarfsplanung, die sich auf eine funktionierende Tradition stützen konnten. Warum also etwas ändern?

Da standen sich nun die Kontrahenten erbost gegenüber und bewarfen sich gegenseitig mit den Vor- und Nachteilen dieser und jener Methode. Jahrelang wogte der Kampf auf dem Schlachtfeld der Medien hin und her – so lange, bis Uday Karmakar, Professor für Fertigungs- und Prozeßsteuerung an der Universität von Rochester, auf die geniale Idee kam, die Vorteile beider Verfahren miteinander zu kombinieren: »Warum kann man eigentlich nicht ein elektronisches Datenerfassungssystem in einem Kanban-Umfeld einsetzen?«

■ ... und was steckt dahinter?

Kanban und Just-in-Time sind tatsächlich brauchbare Methoden, um die Logistikkosten und die Zeitverschwendung zu minimieren. Jeder Automobilhersteller arbeitet heute auf der Basis dieser Konzepte, die – wir wiederholen aus gutem Grunde – nicht von Unternehmensberatern, sondern von Fertigungsspezialisten entwickelt wurden.

Anders als man hätte erwarten können, verhalten sich die Beratungsgesellschaften Kanban und JIT gegenüber recht zurückhaltend. Implementierungsaufträge übernehmen sie gerne – natürlich würden sie ein komplettes Reengineering (siehe Kapitel 15) vorziehen, aber schließlich ist es auch egal, womit man beginnt, Hauptsache, die Berater haben den Fuß im Hauptportal –, aber interessanterweise haben sie keine eigenen JIT-basierten *line extensions* hervorgebracht.

Wir sehen den Grund hierfür schlicht in der Größe des Marktes. Ein JIT-System einzuführen, ist eine Sache von wenigen Monaten. Dafür lohnt es sich doch überhaupt nicht, ein paar Dutzend Junior-Consultants zusammenzutrommeln, umfängliche Strategiepapiere zu entwerfen und eine Zeitplanung aufzustellen. Weitaus lukrativer als Kanban und JIT ist ein Business Transformation Programm, eine totale Reorganisation oder eine satte Geschäftsprozeßoptimierung. Doch wer halt den Big Mäc unter den Consultingaufträgen nicht ergattern kann, begnügt sich auch mit einem schlichten Hamburger.

Komplettpaket mit Erfolgsgarantie

Dennoch setzen die Consultants erst einmal alles daran, das Komplettpaket mit Vorstandserfolgsgarantie zu schnüren. Die Argumentation fällt nicht schwer: Eine JIT-Implementierung ist nichts Halbes und nichts Ganzes. Schließlich bleiben eine ganze Menge anderer Probleme im Unternehmen dabei ungelöst.

Nein, wenn schon aufräumen, dann auch richtig. Wundervolle Methodencocktails sind denkbar: Just-in-Time und TQM vielleicht, oder Kanban plus einem Spritzer Lernende Organisation (siehe Kapitel 13). Oder wie wäre es mit dem original-japanischen Doppelpack: Kanban und Kaizen (siehe Kapitel 5), garniert mit einer Scheibe Cultural Change und einem Zweiglein neue Vision?

5 Sushi für Anfänger

Label (Herkunft):

Toyota Produktionssystem, TPS (Kenichi Sekine);
Kaizen (Masaaki Imai); Continuous Improvement Process (CIP),
Kontinuierlicher Verbesserungsprozeß, KVP (J.P. Womack);
KVP^2 (Volkswagen AG)

Es begann im Jahr 1986 mit einem Wispern. Eingeweihte flüsterten sich einen Code zu und lächelten wissend. Der Code bestand aus nur einem einzigen Wort, dessen Klang ein bißchen an Karate erinnerte, vor allem aber an Zen und die Suche nach dem Glück. Das geheimnisvolle Wort lautete ... »Kaizen«.

Auf den Speisekarten japanischer Restaurants suchte man es vergeblich. Kaizen war auch nicht der Name einer alten asiatischen Verteidigungstechnik, sondern einfach nur der Titel eines Buches des Japaners Masaaki Imai. Den kannten die wenigsten. Und seinem Buch ging es wie vielen anderen: es wurde zwar gekauft, aber kaum gelesen. Stand einfach herum, in Palisanderbücherborden und auf Glasablagen. Nur einige wenige Neugierige vertieften sich in die Weisheiten des Fernen Ostens.

Das war zunächst alles.

Denn als dieses Wort so zögerlich in unseren Sprachraum tröpfelte, da boomte die westliche Wirtschaft noch. Wer wollte sich in diesen Tagen schon ernsthaft mit einem japanischen Autor befassen, der ein Konzept vorstellte, mit dem man angeblich Schritt für Schritt kontinuierliche Verbesserungen im Unternehmen erreichen konnte? Was hieß überhaupt Verbesserung in kleinen Schritten? Warum nicht in großen? Das klang doch irgendwie spießig, fast schon ärmlich, nach DDR-Mief und Planwirtschaft. Im Schneckentempo sollte man ein ganzes System revolutionieren können? Das konnte es doch nicht sein! Und wozu überhaupt? Das System funktionierte doch bestens.

Gesucht: Der große Wurf

Ende der achtziger Jahre waren im Westen Visionen angesagt, der große Wurf, die grandiose Innovation und die ultimative Strategie. Die Auftragsbücher waren prall gefüllt, Konzernchefs gingen weltweit auf Einkaufstour, Globalisierung galt als Riesenchance, Diversifizierung war die todsichere Lösung. Die dazugehörenden Managementtheorien kamen aus den Staaten, woher sonst? Kleine Schritte waren etwas für Zauderer, die dem eigenen Konzept nicht trauten, für Zimperliche, die grundsätzlich den neuesten Trend verschliefen. Die Devise hieß: Nicht kleckern, sondern klotzen!

Die Zeit verging, die Mauer fiel, und alles wurde ganz anders. Das anhaltende Wirtschaftswachstum kam zu einem abrupten Ende, und man steuerte unaufhaltsam in eine Rezession. Globalisierung war zur Bedrohung geworden, denn schließlich wollte alle Welt überallhin, auch auf den eigenen, sicher geglaubten Heimatmarkt. Die Visionen zerplatzten wie Seifenblasen. Es begann das Zeitalter der neuen Bescheidenheit.

Eine solide Methode mußte her, um die Kosten zu senken – freilich bei gleichzeitiger Verbesserung der Qualität. Die Quadratur des Kreises, zugegeben, aber man wächst ja mit seinen Aufgaben. Also wurde über neue Ansätze nachgegrübelt und sicherheitshalber das Personal verschlankt. Das ist ja bekanntlich nie verkehrt. Doch das große Wunder ließ auf sich warten. Die Wirtschaft stagnierte weiter, man schrieb flächendeckend rote Zahlen.

Brainstorming at its best

In jenen Tagen begab es sich, daß ein paar Unternehmensberater in einer Düsseldorfer Sushi-Bar zusammenhockten und sich darüber einig waren, daß ein neues Managementkonzept dringend angesagt sei. Nur woher nehmen, ohne allzu dreist zu stehlen?

Meerrettich reinigt den Magen, Sake klärt den Geist, puristisches Mobiliar führt zur Konzentration auf das Wesentliche. Die Damen und Herren schlossen die Augen und versuchten, sich vom Genius loci inspirieren zu lassen. Nach 20 Minuten kam die Erleuchtung (japanisch: kensho) über sie. Hatte da nicht ein Japaner mal irgendwas geschrieben? Wie hieß der doch noch gleich? Und worum ging es dabei überhaupt?

»Es geht um kleine, geduldige Schritte«, wußte der eine Consultant. »Die zu Verbesserungen führen«, ergänzte ein anderer. »Das kann doch nicht Euer Ernst sein«, gab der Junior Consultant zu bedenken: »Das ist doch kein Konzept, sondern die Anleitung einer Kindergärtnerin, wenn die Kleinen zum ersten Mal aus einem Bastelbogen einen Hampelmann zusammenbauen! Wenn wir das als neue Strategie verkaufen, machen wir uns doch komplett lächerlich.« Der Senior in der Runde wischte den Einwand cool vom Tisch: »Überhaupt kein Risiko. Das machen wir schon immer so.«

Ex oriente lux

Kurz darauf erschien ein anderes Buch zum gleichen Thema. Der MIT-Wissenschaftler J.P. Womack zündete *»Die zweite Revolution in der Autoindustrie«*. Und das war der Durchbruch für Kaizen. Denn irgendeinen Grund mußte es doch schließlich haben, daß japanische Autos in der alljährlichen ADAC-Pannenstatistik mit konstanter Bosheit die besten Plätze belegten und außerdem preislich auch noch ungemein attraktiv waren. Ganz Europa und halb Amerika wandte sich folglich gen Japan.

Was besagt aber nun das Kaizen-Konzept? Hören wir dazu die Japan Human Relations Association: »Die Japaner sehen in dem Wort Kaizen ein Symbol, daß die alltäglichen Kämpfe und Mühen am Arbeitsplatz und die Art umfaßt, wie wir mit ihnen umzugehen suchen. Deshalb benutzen Toyota, Mazda und andere Firmen mit Produktionsstätten außerhalb Japans bewußt den Begriff Kaizen in den Schulungen und Trainings, die sie für ihre Mitarbeiter in den ausländischen Niederlassungen veranstalten.« Etwas konkreter werden die Autoren, wenn sie den Vater des Kaizen, Masaaki Imai, bemühen: »Laut Imai bedeutet Kaizen Verbesserung, vor allem kontinuierliche Verbesserung. Die Kaizen-Verbesserung unterscheidet sich beträchtlich von einer Innovation, eine Art von Fortschritt, mit der viele Menschen im Westen eher vertraut sind. Die

Kaizen-Verbesserung beinhaltet eine stetige, allmähliche Ansammlung geringfügiger Verbesserungen seitens der Mitarbeiter eines Unternehmens (einschließlich Geschäftsleitung und Führungskräfte aller Ebenen).« Mit anderen Worten: So wie Kleinvieh auch Mist macht, können sich auch kleinste Verbesserungen zu einem schönen Erfolg summieren.

Die Folge: Ab 1993 hielt zumindest in der Autoindustrie niemand Kaizen mehr für eine japanische Grünteesorte. Da wußte man Bescheid – bei VW, bei Mercedes-Benz und bei Opel. Seither hat Ford kein »betriebliches Vorschlagswesen« (BVW) mehr, das nur spinnerte Tüftler zum freiwilligen Gehirnschmalzverbrauch brachte, sondern ein »Ideen-Realisierungs-System«, und seither gibt es bei Audi statt BVW eine »Ideenagentur«. Die Unternehmensberater nennen sowas kreativ: »Re-Labeln«.

Und siehe da: In Ingolstadt und Neckarsulm beteiligen sich nun immerhin 45 Prozent der Mitarbeiter am kollektiven Brainstorming. Nur mit der Realisierung der Vorschläge hapert es noch gewaltig: Knapp 70 Prozent der Ideen finden erst nach einem halben Jahr Wartezeit ein Ohr.

Kaizen könnte aber auch außerhalb der Fertigung funktionieren. Wer im Büro arbeitet, wird doch jeden Tag mit Abläufen konfrontiert, deren Sinn im Dunkeln bleibt. Das reicht vom System der Ablage bis hin zu den Modalitäten der Beschaffung von Radiergummis. Altgediente Mitarbeiter erklären dann gern auf Nachfrage, daß die Sache »schon immer so gemacht« werde, was die Diskussion in der Regel beendet. Dabei wäre es einfach, auch hier in japanisch kleinen Schritten etwas zu verbessern. Jeder müßte festhalten, was ihm an Ideen einfällt und zur Diskussion stellen. Eigens einberufene Versammlungen wären unsinnig, denn kleine Verbesserungen sollten auch auf dem »kleinen Dienstweg« zu beschließen sein. Ach so, das passiert in unzähligen Betrieben ganz unspektakulär? Die wissen bloß nicht, daß sie Kaizen betreiben? Ja, in manchen Dingen ist der Standort Deutschland seiner Zeit voraus.

■ ... und was steckt dahinter?

Als sich die Sushi-Runde ein paar Monate später wieder beim Lieblingsjapaner einfand, war die Stimmung schon deutlich gehoben. »Es müßte doch möglich sein«, meinte der Senior, »diese japanischen Trippelschrittchen auch für die große Sinnsuche auf den Chefetagen ganz anderer Branchen verwerten zu können! Vermutlich müßte man das Ganze nur ein bißchen peppen, nett generalisieren, irgendwie toppen: Kaizen hoch zwei, oder so.« Der Oberberater arbeitete übrigens gerade bei VW an einer Qualitätsoffensive oder so.

Kaizen auf englisch heißt »Continuous Improvement Process« (CIP). Auf gut deutsch: Kontinuierlicher Verbesserungsprozeß (KVP). Diesen wiederum ins Quadrat erhoben zu haben – KVP hoch 2 –, darf sich der Volkswagenkonzern allen Ernstes rühmen.

Kurze Zeit später hatte sich auch der Junior Consultant schlau gemacht und glänzte mit Detailwissen. »Es geht wirklich um kontinuierliche Verbesserung in kleinen Schritten. In vielen kleinen Schritten. In vielen kleinen, geduldigen Schritten. Typisch japanisch natürlich, denn für ein ressourcenarmes Land sind Sorgfalt und Sparsamkeit im Umgang mit Rohstoffen aller Art immer schon selbstverständlich. Und da die Japaner auch noch Qualitätsprodukte anbieten wollten, mußten sie unbedingt versuchen, durch kurze Rüst- und geringe Ausfallzeiten eine effiziente Ausnutzung der Anlagen zu erreichen. Gleichzeitig war für sie die bestmögliche Ausnutzung der Arbeitszeit der Mitarbeiter für wertschöpfende Tätigkeiten von großer Bedeutung. Und sie hatten längst erkannt, daß es durchaus sinnvoll ist, sich um jeden noch so kleinen Handgriff der Produktion zu kümmern. Denn wer eine Schraube einsparen kann, ohne der Qualität des Produktes zu schaden, senkt bei entsprechender Stückzahl spürbar die Kosten.«

So weit der ambitionierte Youngster aus der fröhlichen Sushi-Runde.

Nachdenken über Fremdschrauben

Die Japaner haben aber noch etwas verstanden, und das ist fast noch wichtiger. Und zwar, daß nur derjenige, der – zum Beispiel – Tag für Tag mit dem Montieren von Autotüren zu tun hat, überhaupt auf den Gedanken kommen kann, eine von 30 Schrauben einzusparen. Die Kollegen vom Heck haben nämlich entweder keine Lust, über Fremdschrauben nachzudenken, oder sie gehen stillschweigend davon aus, daß ohne die dreißigste Schraube die Autotür möglicherweise nach zwei Tagen abfällt.
Außerdem war es den Japanern nicht entgangen, daß alles, was man täglich tut, so alltäglich wird, daß man nicht mehr darüber nachdenkt. Folglich fragten sie sich: Wie können wir einen Arbeiter am Fließband dazu bewegen, aus dieser Routine auszubrechen und sich Gedanken über mögliche Verbesserungen zu machen – also just über das zu grübeln, worüber er aus freien Stücken nie nachdenken würde? Sie fanden die Lösung, indem sie für gute Ideen Prämien versprachen und die Mitarbeiter immer wieder nachdrücklich aufforderten, Verbesserungsmöglichkeiten ausfindig zu machen. Die fernöstlichen Organisatoren bildeten kleine Teams und ermutigten jeden einzelnen Mitarbeiter, auch Verantwortung für die Aufgabe der Gruppe zu übernehmen. Sie haben, mit anderen Worten, unser altes betriebliches Vorschlagswesen umgemodelt, sozusagen den Zettelkasten für Ideen attraktiver gemacht.

»Also ist Kaizen doch das gleiche wie CIP und KVP, nur ein bißchen älter«, murrte ein Berater, »und japanischer.« »Letzlich schon«, gab der Heitere zu, »aber Kaizen klingt doch so viel mysteriöser. Da denkt man doch gleich an stille Tempel, an Kimonos und an Erstkläßler, die schon dreitausend Schriftzeichen pinseln können. Kaizen als Wort zergeht auf der Zunge, das ist der Name für ein echtes Markenprodukt. ›Kontinuierlicher Verbesserungsprozeß‹ hat dagegen null Sound.« Die Runde blickte nun ziemlich entschlossen. Der Heitere fuhr fort: »Wir müssen jetzt nur noch einen Weg finden, die Idee als Konzept zu verkaufen. Es wäre ja fatal, wenn der Eindruck entstünde, unsere Klientel könnte sich einfach ein Buch besorgen und das Problem allein anpacken.«

Ohne Beratung kein Erfolg

Diese Warnung war natürlich völlig berechtigt. Denn wo käme man als Unternehmensberater hin, wenn man nicht überzeugend darlegen könnte, daß ohne spezielle Beratung einfach gar nichts läuft? An den berühmten Rand des Ruins, und das wäre doch jammerschade. Denn schließlich ist es doch gerade dieser Berufsgruppe so schön gelungen, alten Wein in neue Schläuche umsatzwirksam abzufüllen. Da darf man doch nicht zulassen, daß ein japanisches Konzept, hinter dem letztlich nicht viel mehr steckt als eine gute Portion gesunder Menschenverstand, das Wohlergehen einer ganzen Zunft gefährdet.

In Düsseldorf packte man den Stier bei den Hörnern und entwickelte das adäquate Lösungspaket – nach gewohnter Manier. Und das heißt in Beraterkreisen immer:

Als *erstes* muß klargestellt werden, daß der Zeitfaktor keine Rolle spielen darf. Ein gutes Konzept braucht grundsätzlich mehrere Jahre bis zur vollständigen Implementierung.

Zweitens muß darauf verwiesen werden, daß das zu bewältigende Problem hochkomplex ist. Das ist es immer, sonst bräuchte man ja nicht so viel Zeit zur Realisierung.

Drittens muß der Klient eindringlich davor gewarnt werden, allzu schnelle Ergebnisse zu erwarten. Schnelle Ergebnisse sind Zufallsprodukte, und die taugen nichts.

Viertens muß auf die Bedeutung ausführlicher persönlicher Beratung verwiesen werden. Ein neues Konzept läßt sich nicht mit einem Handbuch allein realisieren. Nur die Vermittlung durch einen erfahrenen Consultant – der immer viele Kollegen bei sich hat – führt zu vollem Verständnis der Materie.

Fünftens darf keineswegs die Notwendigkeit einer Nachbearbeitung unerwähnt bleiben. Das beste Konzept nutzt nichts, wenn sich niemand daran hält. Aber nur derjenige, der das Konzept für den Kunden konzipiert hat, kann letztlich beurteilen, ob es auch im Sinne des Erfinders angewandt wird.

Last but not least führt dies alles zu dem logischen Schluß, daß jedes Mangementkonzept für alle Branchen anwendbar ist. Der Einwand, etwas, das zum Beispiel für die Autoindustrie taugt, sei nicht automatisch auch für einen Dienstleister, für Handel, Banken und Versicherungen brauchbar, zeugt von kleinkariertem Kästchendenken.

»Am meisten an dieser japanischen Methode beeindruckt mich, daß sie so total demokratisch ist«, freute sich der Heitere: »Jeder darf mitmachen, solange er Lust dazu hat, sein Scherflein zum Wohl des Unternehmens beizusteuern. Da schmilzt doch der Betriebsrat vor Entzücken. Und während Innovationen immer hohe Investitionen erfordern, sind die kleinen Schritte auch noch kostengünstig.«

»Natürlich im Gegensatz zu unserer Beratung«, ergänzte einer, der es vorzog, anonym zu bleiben, und bestellte noch eine Runde Sake.

6 Der Kult um die Kultur

Label (Herkunft):

Management of Evolution, Evolutionäres Management (W. Kirsch)
Corporate Culture (W.G. Ouchi, J.B. Johnson
7-S-Konzept (Tom Peters, Robert Waterman)

Die spektakulären Erfolge von Kanban, Kaizen & Kawasaki irritierten die westliche Welt bereits in den frühen 70er Jahren ganz gehörig. Binnen weniger Jahre war die einst eher unterentwickelte Nation Japan zu einer Wirtschaftsmacht ersten Ranges aufgestiegen. Ausgerechnet in der Unternehmensführung, dem ureigenen Claim von Dagobert Duck & Co., machten die Söhne Nippons nun den Amerikanern einiges vor. Autos, Computerchips, Unterhaltungselektronik – japanische Unternehmen produzierten genau das, was der Markt haben wollte, und dazu noch deutlich billiger als andere.

Nach dem verlorenen Vietnamkrieg und dem Öl-Schock geriet nun auch das ökonomische Selbstbewußtsein der US-Manager ins Wanken.

Fieberhaft forschten amerikanische Managementexperten und Consultants nach den fernöstlichen Geheimnissen exzellenter Marktbearbeitung und dauerhaft tiefschwarzer Bilanzen. Die Hunderttausend-Dollar-Frage lautete: Was macht japanisches Management besser als amerikanisches?

»Kulturvergleichende Managementforschung«

Bald traten die ersten Unterschiede zutage. Japanische Führungskräfte treffen ihre Entscheidungen weniger nach formalen Kriterien, wie sie in den Berichts- und Kontrollsystemen des Westens festgelegt sind, sondern in einem partizipatorischen Prozeß mit ihren Kollegen. Diese Erkenntnis begründete die »kulturvergleichende Managementforschung« (Ouchi/Johnson 1978).

Die in den Vereinigten Staaten zuletzt propagierten strategischen Managementkonzepte hatten die in sie gesetzten Hoffnungen sowieso nicht erfüllt und waren infolgedessen in Ungnade gefallen. Es war an der Zeit, das Ruder herumzureißen – weg von der systemtheoretisch-funktionalistischen Sichtweise, hin zu neuen Ufern! In diesem Fall hin zu einem »philosophischen« Ansatz und einer eher subjektiven Interpretation der betriebswirtschaftlichen Strukturen und Prozesse.

Das Thema barg freilich zu viele Profitversprechen, als daß man es der Wissenschaft allein hätte überlassen können. Daher setzte auch in den Beratungsgesellschaften das große Grübeln ein. Der damals noch für McKinsey tätige Tom Peters (inzwischen freischaffend tätig, siehe Kapitel 12) und sein Kollege Robert Waterman entwickelten zusammen mit einigen anderen Consultants das sogenannte 7-S-Konzept. Es wurde ein paar Jahre lang als der ultimative Stein der Weisen verkauft.

Grundlage ihrer Systematisierung war die Erkenntnis, daß es »weiche« (staff, skills, style und superordinate goals) und »harte« (structure, strategy und systems) Variablen in der Mitarbeiter- und Unternehmensführung gibt. (Freundlicherweise beginnen sie in der englischen Sprache alle mit demselben Konsonanten.) Die weichen Variablen, so versicherten die Berater, würden von den Japanern weitaus stärker beachtet als in den Vereinigten Staaten. Möglicherweise läge genau hier der entscheidende Vorsprung der fernöstlichen Konkurrenz. Und das wollten Peters, Waterman und das Haus McKinsey ab sofort mit einer »Corporate-Culture«-Implantierungsmethode ändern. Damit, so die Spekulation der Consultants, sollte sich doch eine große Klientel, möglichst mit Alleinverkaufsrecht, beglücken lassen.

Sie ließ. Und wie. Jahrelang...

Risikobereitschaft und Feedback

Noch einen Schritt weiter als Peters und Waterman gingen Terence Deal und Alan Kennedy in ihrer Untersuchung »*Corporate Culture – The Rites and Rituals of Corporate Life*« (1982). Denn in diesem Buch wird Unternehmenskultur nicht zu einem von mehreren, sondern zum allein selig machenden Erfolgsfaktor in der Unternehmensführung hochstilisiert. Unternehmenskultur, behaupteten die Autoren, lasse sich festmachen an der Risikobereitschaft und der Geschwindigkeit des Feedbacks. Dementsprechend entwickeln Deal und Kennedy eine Matrix von vier Kulturtypen:

- die Kultur der »Macher«:
  Individualisten mit hoher Risikobereitschaft, rasantes Feedback
- die Work-hard-play-hard-Kultur:
  geringere Risikobereitschaft, aber schnelles Feedback
- die Bet-your-company-Kultur:
  hohe Risikobereitschaft, langsames Feedback
- die Process-Kultur
  überhaupt keine Risikobereitschaft, bürokratisch, null Feedback.

Der Ratschlag der Weisen: Man entscheide sich tunlichst für den erfolgverspechenden Typus der ersten Kategorie! Das durfte Amerikanern ja nicht schwerfallen. Mußten sie doch nur einen schönen alten Mythos wiederbeleben – den vom einsamen Cowboy, der trotz widriger Umstände (leere Wasserflasche/leere Kassen) und feindlichem Umfeld (böse Indianer/böse Japaner) alles erreicht, weil er nichts und niemanden fürchtet und sich grimmig lächelnd in Gefahr begibt.

Unter »Unternehmenskultur« verstehen Deal und Kennedy ein System von Werten und Überzeugungen, das Mitarbeiter dazu bringt, »to feel better about what they do«.

Einfach sympathisch.

Kultur ist, was man daraus gemacht hat

1985 stürmte Edgar H. Schein mit *»Organizational Culture and Leadership«* die Charts. Der Autor definiert »Kultur« als »a pattern of basic assumptions – invented, discovered or developed by a given group as it learns to cope with its problems of external adaptation and internal integration – that has worked well enough to be considered valid and therefore to be told to new members as the correct way to perceive, think and feel in relation to those problems«.

Mit anderen Worten: Die Kultur eines Unternehmens ist das, was es zu dem gemacht hat, was es ist. (Jedenfalls, solange das Unternehmen prosperiert.)

Scheins Bestseller gab den letzten Anstoß zu einem weltweiten Kulturboom in den Unternehmen. Denn das Timing war perfekt: Die Wirtschaft florierte gerade erfreulich. Kultur etabliert sich bekanntlich nur in Zeiten der Expansion, egal, ob einer Wirtschaft oder eines Imperiums. Nur in der Euphorie des Erfolges werden Triumphbögen und andere symbolträchtige Monumente errichtet. Wer die ersten Etappen eines Eroberungsfeldzugs erfolgreich hinter sich gebracht hat, schwenkt siegestrunken das Banner. Geht eine entscheidende Schlacht verloren, dann sind Fahnen mit dem Firmen- oder Nationalitätenlogo nicht mehr so gefragt.

Corporate Culture meets Zeitgeist

Um eine Kultur zu schaffen, muß man aus dem vollen schöpfen können. In Krisenzeiten wird Brot in die Steckrübensuppe getunkt. Da geht es ums Überleben, nicht um höhere Werte oder geistige Impulse. Mitte der achtziger Jahre waren glücklicherweise Flußkrebse angesagt, keine Steckrüben. Daher traf der Slogan von der »corporate culture« (wahlweise »corporate philosophy«) voll den Zeitgeist. Und da dieser US-Trend der erste gewesen wäre, den man in Europa und besonders in Deutschland ignoriert hätte, konnte es nicht ausbleiben, daß auch hierzulande hektisch nach Kultivierungsmöglichkeiten gefahndet wurde.

Die Suche nach einer neuen Unternehmenskultur setzte vielerorts erst dann ein, als das Wort zu einer publizistischen Hochblüte gelang. So mancher Firmenchef las morgens in seinem Chefblatt von der Bedeutsamkeit der Unternehmenskultur und bestellte flugs seinen obersten Öffentlichkeitsarbeiter ein: »Mackenthum, ich frage Sie: Haben wir eine Unternehmenskultur?« Wenn der PR-Chef schlau war und an eine Erweiterung seines Budgets dachte, antwortete er geschmeidig etwa so: »Nun ja, wir haben schon eine. Aber die könnten wir schon ein wenig bekannter machen.«

Und das geht so: Zunächst verfaßt der PR-Chef mit Hilfe eines Kulturberaters ein Unternehmensleitbild. Sieben Thesen, sieben Sätze, sieben Seiten. Dieses Leitbild wird den Mitarbeitern auf einer Betriebsversammlung vorgestellt und fortan jedem Auszubildenden bei Dienstantritt mit den Worten »Damit Sie unsere Unternehmenskultur kennenlernen« in die Hand gedrückt. In dem Leitbild ist zu lesen, wie wichtig die Mitarbeiter sind, wie wichtig die Kunden sind – bei einer Aktiengesellschaft kommen noch die Aktionäre dazu. Ganz fortschrittliche Unternehmen beteuern unter »Sonstiges« gerne, daß die Arbeit Spaß machen solle und daß auch die Umweltbelastungen in Grenzen zu halten seien. Deshalb werde das Leitbild auch auf chlorfrei gebleichtem Papier gedruckt.

Zu einer vollständigen Unternehmenskultur gehören regelmäßige, informelle Mitarbeitergeselligkeiten. Das Computerunternehmen Hewlett-Packard (HP) lud beispielsweise Ende der 80er Jahre an jedem Freitagnachmittag in der Zentrale zu einem »Beer Bust« ein – beim kontingentierten Freibier sollten sich die Professionals frei von der Leber weg miteinander austauschen. Nicht zuletzt deshalb genießt die Unternehmenskultur von HP einen guten Ruf. Es wurden oft Journalisten eingeladen.

Man sieht: Das Wort Kultur hat Power. Macht sowohl als Präfix (Kultur-Beutel) wie auch als Suffix (Wohn-Kultur) aus Alltäglichem etwas ganz und gar Un-Gewöhnliches. Kultur veredelt. Nicht nur in der Rosenzucht. »Kultur« an sich ist positiv besetzt. Schon weil nicht jeder welche hat. Wenn es anders wäre, gäbe es keine Kuturbanausen. Auch keine Kulturvölker. Die müssen sich ja – sonst wären sie keine – qua Besitz von Kultur von anderen abgrenzen...

Also: Kultur ist gut, jedenfalls Kultur in der grammatikalischen Einzahl. Sonst handelt es sich um Kulturen – die Zucht von Bakterien auf Nährböden oder das Hätscheln von Mandelbäumen in Reih und Glied. Bakterien haben kein unumstritten positives Image ..., und landwirtschaftliche Kulturen sollen hier auch nicht weiter erörtert werden, obgleich die zur Wortfamilie gehörende »Kultursteppe« natürlich auch aus ihrem engen Kontext – Abholzung des Waldes inklusive Vernichtung des natürlichen Tier- und Pflanzenbestandes zugunsten von Monokulturen – gerissen und assoziativ genutzt werden könnte.

I a Kultur – zum ersten, zum zweiten ...

Kultur verfeinert. Selbst in Deutschland entwickelte sich die profane Nahrungsaufnahme nach aufopferungsvollen Selbstversuchen und mit Hilfe nachbarlicher Importe zu einer Eßkultur. Ein harmonisch komponiertes Mahl mußte dann nur noch auf edlem Porzellan serviert und mit silbernem Gerät seziert werden – schon hatte man, solange niemand grünen Spargel mit den Fingern aß, eine Tischkultur.

Kein Wunder, daß das Vielzweckwort in den achtziger Jahren so richtig in Mode kam. Da konnte ein für unser aller Wohlergehen so eminent wichtiger Bereich wie die Wirtschaft doch kein Schattendasein führen. Auch deutsche Unternehmen galten zwar vor dem Import des Modebegriffs »Corporate Culture« nicht als grundsätzlich kulturfeindlich, aber wenn man über den Stil des Hauses sprach, meinte man eher das »Betriebsklima«.

Diesen zugegebenermaßen schon leicht angestaubten Begriff hätte man ja ohne großen Aufwand in »Betriebskultur« umfrisieren können. Aber diese Neuschöpfung hatte leider so gar kein subtil innovatives Flair. Die Kreation »Firmenkultur« kam zwar in die engere Auswahl, aber »Unternehmenskultur« ..., das war die Lösung. Sprachlich zumindest. Danach mußte die Hülse nur noch mit Leben gefüllt werden. Läßt doch schon Goethe Mephisto sinnieren: »Denn eben wo Begriffe fehlen, da stellt ein Wort zur rechten Zeit sich ein.« (in: *Faust*, Erster Teil, zweite Studierzimmerszene).

Wo aber sollte man sie hernehmen, die neue Unternehmenskultur? Was war überhaupt darunter zu verstehen? Und vor allem: Wie ließ sie sich in ein Beratungsprodukt umwandeln und verkaufen? Denn daß man mit Managementmethoden »Unternehmenskultur« machen konnte, das durfte man doch wohl voraussetzen ...

Ohne Visionen keine Zukunft

So einfach wie in den Vereinigten Staaten konnten Consultants es sich in Deutschland natürlich nicht machen. Mit der angelsächsischen Definition von »Corporate Culture« (»sich besser fühlen bei dem, was man tut«, siehe oben) war in deutschen Landen kein Blumentopf zu gewinnen. Die deutsche Sprache neigt von Natur aus nicht zur Schlichtheit, und hiesige Unternehmer haben es auch gern etwas üppiger.

Um also das neue Produkt – die ominöse Unternehmenskultur – mit den üblichen Marketingmethoden an den Vorstand zu bringen, mußte man sich etwas einfallen lassen. Das war nicht weiter beunruhigend, denn auch in den Unternehmensberatungen selbst hat man schon längst verinnerlicht, daß es »ohne Visionen keine Zukunft gibt« (Topos aus der Beratersprache).

Es ist ein guter alter rhetorischer Trick, sich in Problemfällen vor der Definition eines Begriffes dadurch zu drücken, daß man erst einmal klarstellt, was *nicht* darunter zu verstehen ist.

In unserem Falle einigte man sich darauf, daß Unternehmenskultur etwas anderes sein sollte als

- Profanierung der sogenannten »Hochkultur«, deren Produkte man gemeinhin in Museen, Galerien oder Opernhäusern goutiert.
- Raumschmuck oder Zwölftonmusik im Foyer,
- (corporate) Design oder Entertainment.

Sondern?

■ ... und was steckt dahinter?

Nicht so stürmisch, das Thema ist komplex!

Ein weiteres erprobtes Ausweichmanöver bei Schwammigkeit eines Begriffes ist die glasklare Zieldefinition. In einer Hochglanzbroschüre läßt sich dieses Ziel fein mit einem weiteren Baustein aus der

Spruchkiste abklopfen. Zum Beispiel mit: »Utopien von heute werden zu Realitäten von morgen«.

Um wenigstens der Utopie (Unternehmenskultur) näher zu kommen, setzten sich die Berater zum Brainstorming zusammen.

Wir haben heimlich mitstenographiert:

»Der mühsame, lange Weg durch Implementierungs- und andere Instanzen wird bekanntlich wesentlich erleichtert, wenn an bestimmten Etappen Erfolgserlebnisse vorgesehen sind. Wir beherrschen die Theorie Iwan Petrowitsch Pawlows und können die bedingten Reflexe der zu instruierenden Belegschaft nutzen. Im aktuellen Fall setzen wir voraus, daß es ›Unternehmenskultur‹ gibt. Was genau darunter zu verstehen ist, wird zu einem späteren Zeitpunkt erarbeitet werden.

Man darf aber davon ausgehen, daß die Herausforderungen von morgen nur mit einer von uns noch zu entwickelnden Unternehmenskultur zu bestehen sind. Welches mittelfristige Ziel könnten wir als quasi eingebaute Nebenwirkung einer effizient zu implantierenden ›Unternehmenskultur X‹ anbieten? Als *fringe benefits* sozusagen?«

Das »Delta-Familiengefühl«

Glücklicherweise kommt man in Consultingkreisen ja viel in der Welt herum. Da konnte es nicht ausbleiben, daß ein Berater bei Delta-Airlines einen Flug buchte. Dem Reisenden fiel auf, daß man bei Delta etwas hatte, das bei der Lufthansa bisher noch niemand vermißte: das »Delta-Familiengefühl«. Warum war er nicht früher darauf gekommen? Das war sie doch, die attraktive Gehaltsnebenleistung.

Der Mensch ist ja wirklich nicht gern allein. Am wohlsten fühlt er sich im Kreise Gleichgesinnter. Am allerwohlsten in einer Idealfamilie ohne quengelnde, störrische, feindselige Störfaktoren. In einer glücklichen Familie! Und was grenzt eine Familie von den Nachbarn ab? Das Zusammengehörigkeitsgefühl. Und die Terminologie, die andere nicht verstehen und folglich auch nicht kritisch werten können. (Das ließe sich arrangieren...)

Mit ein bißchen Styling könnten Unternehmen doch glatt als große Familien durchgehen ..., der Vorstandsvorsitzende als wohlmeinender Paterfamilias auftreten, dem es nicht schwerfällt, bei seinen Untergebenen Begeisterung, Hingabe und Identifikation für das Gemeinwohl zu entfalten.

Na, jedenfalls theoretisch. Praktisch konnte er das natürlich nicht allein. Da brauchte er schon professionelle Hilfestellung. In Form einer consultinggestützten Managementstrategie. (Was dachten Sie denn?)

Wie pflanzt man eine Unternehmenskultur?

Flugs wurde sie ausgearbeitet und offeriert:

These: Mit Hilfe der richtigen Strategie läßt sich jede gewünschte Kultur durchsetzen und jeder beliebige Identifikationsgrad der Mitarbeiter erreichen.
Ziel: Implantierung von »Unternehmenskultur«
Etappe: Familiengefühl
Verfahren: Man entwickelt eine Strategie und setzt sie durch. Wie? Durch entsprechende kulturelle Normen. Anzustreben dabei ist eine möglichst hohe Kongruenz von Kultur und Strategie. Ein Übergewicht der Kultur ist unbedingt zu vermeiden, denn sonst droht die unerfreuliche Verselbständigung derselben. Das wäre kontrapunktisch.

Jetzt mußte das Produkt »Unternehmenskultur« nur noch mit den üblichen Leerfloskeln, wolkigen Metaphern und salbungsvollen Gemeinplätzen gefüllt werden. Und schon konnte man die üblichen »maßgeschneiderten« Leitbilder entwickeln, neue alte »Führungsgrundsätze« formulieren und durch »methodisch-konzeptionelles Wissen« glänzen. Wertvorstellungen, Normen, Denkhaltungen sind schließlich eine Ware wie andere auch, meinten die Consultants. Der Ist-Zustand der »Kultur« eines Unternehmens kann beliebig durch kräftiges Rucken am Schalthebel verändert werden. Oder etwa nicht? Aber sicher, sonst wäre »Unternehmenskultur« ja kein Produkt, das man bei einer Unternehmensberatung ordern kann.

Wir wiederholen: Wie ändert man den vorherrschenden Stil? Indem man die Wertvorstellungen der Mitarbeiter ändert. Wie? Durch Einsatz von Führerpersönlichkeiten mit der entsprechenden Qualifikation. Woher bekommen sie diese Qualifikation?

Von McConsultant & Cie.

7 Der Wolf im Schafspelz

Label (Herkunft):

Soft Management, Management of the Year 2000 (IMI, Genf; Daniel J. Isenberg, Harvard); Management by walking around

Der Wirtschaftsphilosoph C. Northcote Parkinson hat einmal gesagt, die Geheimnisse des Führens müßten von jeder Generation neu entdeckt werden. Moderne Managementstrategien sind keine Philosophien, und sie haben ein bedeutend kürzeres Verfallsdatum ..., sie halten sich nur wenige Jahre. Unter besonderen Druck geraten sie zusätzlich, sobald ein Jahrzehnt seinen Zenit überschritten hat. Denn dann kommt die Stunde der Visionäre, die sorgenvoll Bilanz ziehen und eloquent einen Katalog all dessen aufstellen, was sich in Zukunft ändern wird oder sollte.

Dann wird prophylaktisch am Profil des Managers des jeweils nächsten Jahrzehnts gefeilt, dann wird die ideale Managementlehre für die kommende Dekade entwickelt. Bange Fragen werden gestellt und sichere Antworten gewußt. Immer in dem Tenor: So wie es war, kann es nicht weitergehen. In Zeiten des Umbruchs (und welche Zeit hat keine Sollbruchstellen?) muß dies oder jenes geschehen.

Wie sieht der Manager der Zukunft aus?

Das oben beschriebene Ritual wurde natürlich auch Ende der 80er Jahre inszeniert. Dem gespannten Managerforum wurde eine wichtige Frage vorgelegt: Welche Manager-Eigenschaften würden in den 90er Jahren über Exzellenz oder Mittelmäßigkeit eines Unternehmens entscheiden? Die Antworten der Lehrkörper von Business Schools und Universitäten, von Managementgurus und Unternehmensberatern, von arrivierten Führungskräften und solchen ante portas variierten in Maßen. Die Kernaussage fanden freilich alle gut: Das Profil des Managers der Zukunft würde gänzlich anders sein als heute. Nicht mehr autoritär, entschlossen, durchgreifend, knallhart an facts & figures klammernd sei der Zukunftsführer, sondern warmherzig, sozial aufgeschlossen, kommunikativ, hochmoralisch und klassisch gebildet. Ein Manager zum Anfassen, menschlich eben, gerne auch ein bißchen weich. Nein, weich nicht. Klingt nicht gut. Drücken wir es neudeutsch aus und sagen wir: »Soft«. Mit ganz weichem S.

Und damit – platsch – schwappte die Welle des Soft Management in die Vorstände.

Historische Einordnung

Historisch läßt sich das Soft Management ziemlich klar einordnen. Der Höhepunkt der Technikeuphorie, wenigstens im Hinblick auf die komplexe Aufgabe der Unternehmensführung, war bereits überschritten, und die darauffolgende Welle – die Beschwörung der Unternehmenskultur – war vom Markt nicht so recht goutiert worden. Das Kulturpflänzchen war zwar eingepflanzt und nach allen Regeln der Beraterkunst gegossen worden, kümmerte aber betrüblich vor sich hin und schuf (wie so manche Managementmoden zuvor und danach) überwiegend Folgeprobleme. Schade: Die Humanressource blieb qualitativ und quantitativ deutlich hinter den Erwartungen zurück.

Also wurde der Boden ringsherum um das Kulturpflänzchen kräftig aufgelockert und mit einer reichlichen Portion Soft Management gedüngt.

Ende der 80er Jahre monierten führende europäische (lautstark) und amerikanische (eher leise) Managementwissenschaftler plötzlich einen eklatanten Mangel an »wirklichen« Führungskräften ... und schoben den schwarzen Peter sogleich den Universitäten zu. Die Hochschulausbildung war an der Managermisere schuld, weil sie nur eine bestimmte Kategorie von Fähigkeiten vermittelte.

Führung aus dem Bauch heraus

In einer Welt, die durch wachsende Unsicherheit und immer kürzere Planungshorizonte gekennzeichnet war, konnte man aus Zahlen der Vergangenheit und historischen Fallstudien für die Zukunft kaum noch etwas lernen. Obwohl der technische Fortschritt komfortable Hilfsmittel wie Computer und Datenbanken hervorgebracht hatte, wurden Führungsentscheidungen immer häufiger auf der Basis unzureichender Informationen – also aus dem Bauch heraus – getroffen. Folglich müsse der Manager »der Zukunft« tunlichst von der isolierten Betrachtungsweise einzelner Faktoren, wie sie an Universitäten und altmodischen Managementschulen gelehrt wurde, abgehen und neue Qualitäten entwickeln.

Nur: Welche?

Die Wirtschafts- und Sozialwissenschaftler der »Commission for the Year 2000« am feinen Genfer International Management Institute (IMI) brachten die Diskussion mit der Einstiegsfrage in Gang, ob der Manager der 90er Jahre eher Generalist oder Spezialist sein solle. Typisch Schweizer antworteten sie salomonisch mit einem klaren »sowohl als auch«. Denn nur durch die Kombination von spezifischen Fachkenntnissen und breitem Führungswissen könne ein geistiges »Frühwarnsystem« beim Manager erzeugt werden, das Entscheidungssituationen durch ein »intuitives Unbehagen« rechtzeitig erkennen ließe.

Integrative Management-Weiterbildung

Das 1946 von der kanadischen Alcan Aluminium Ltd. gegründete IMI fand auch heraus, daß es immer wichtiger werde, Unternehmensführung nicht nur in der Form von »Techniken« zu lehren, sondern gleichermaßen die Kunst des Managements und den Mut zur Führung zu vermitteln. Die bisherige Ausbildung von Führungskräften der Wirtschaft beruhe aber hauptsächlich auf Prinzipien formaler Logik und Ursachen-Wirkungs-Analysen. Kreativität, warnte IMI, sei als Schlüsselfaktor im Geschäftsleben zwar theoretisch anerkannt, werde aber kaum systematisch trainiert. (Abhilfe werde das neue IMI-Konzept der »integrativen Management-Weiterbildung« schaffen, das allen künftigen IMI-Seminaren als Richtschnur dienen solle.)

Daniel J. Isenberg von der Harvard Business School kam zu verblüffend ähnlichen Ergebnissen. Seine Untersuchungen hatten gezeigt, daß erfahrene Führungskräfte ihre Entscheidungen mit sehr viel Intuition, Inkonsequenz und sogar unter Mißachtung der »Regeln« trafen – und das ohne signifikanten Anstieg der Fehlerquote. Intuition dürfe daher nicht länger als Feind allen rationalen Verhaltens betrachtet, sondern müsse vielmehr als Antriebskraft genutzt werden, meinte Isenberg.

Der Faktor Mensch

Damit ließ sich arbeiten. Jetzt wußten die Unternehmensberater endlich, warum sie auf der Suche nach einer veritablen Unternehmenskultur und den besten Implementierungsmethoden auf unerwartete Probleme gestoßen waren: Sie hatten den Faktor Mensch nicht in seiner ganzen Tiefe ausgelotet.

Aber mit Hilfe der wissenschaftlich untermauerten Erkenntnis, daß Manager eben noch lange nicht Manager ist, kam man schon einen ganzen Schritt weiter. Zum Beispiel konnte man daraus fabelhaft eine Zweiklassengesellschaft unter den Managern etablieren –

- die Manager
- die echten Führungskräfte –

und dementsprechend die Guten ins Töpfchen und die Schlechten in Fortbildungsmaßnahmen stopfen. Letztere wurden als bloße Verwalter und Organisatoren geoutet, die anderen zu strategischen Visionären geadelt (unter anderem von John P. Kotter).

Ordnungsliebe reicht nicht aus

Voll im Trend lag da das Thema des Eröffnungsreferates zum Deutschen Beratertag 1987: »Führen statt Managen«. Autor Günther F. Gross, Geschäftsführender Gesellschafter der Gesellschaft für Führungstechnik, wies in aller Deutlichkeit darauf hin, daß ein Manager, der vor allem darauf achtet, daß alles läuft, der auf Ordnung und Einheitlichkeit Wert legt, keine wirkliche Führungspersönlichkeit sein kann. Eine solche nämlich erfreue sich an der Andersartigkeit einzelner und nutze gerade Unterschiede aus, um betriebliche Ziele zu erreichen. Fröhlichkeit, Heiterkeit und Furchtlosigkeit seien die wahren Kardinaltugenden eines gut »geführten« Unternehmens. – Ob die Zuhörer des Vortrags an diesem Punkt spontan in Heiterkeit ausbrachen, war leider nicht mehr zu ermitteln. – Und schließlich die Wahrheit, die ganze Wahrheit: Zum Führen gehöre ein Herz für Menschen. (Für Tiere übrigens auch, vgl. Kapitel 24)

Diese Botschaft vernahmen auch andere Consultants. Flugs erweiterten sie ihr Vokabular. Wörter wie »Strategie«, »Konzept« oder »Methode« wurden in den einschlägigen Handbooks und Broschüren geschwärzt. Einzug hielt eine Terminologie, die man bis dato eher in Psychologieseminaren oder Selbstverwirklichungsgruppen vernommen hatte.

Hab Vertrauen ...

Einige Kostproben:

- »Spitzenmanager« sollten »sich selbst nicht primär als Entscheidungsträger sehen, sondern teilweise als Führende, teilweise als Helfer«, und sollten »Vertrauen, Toleranz und Zufriedenheit« aufbauen. (D. Quinn Mills, *»Die neuen Chefs. Erfolgsstrategien der Manager von Morgen«*, 1988)
- »Antriebserfüllung, Familiarität und Motivation, Kreativität und Originalität umreißen das Wunschklima, in dem die Menschen unverwechselbar und mit neuer Kompetenz leben und arbeiten möchten.« Mitarbeiter »haben es gelernt, sich selbst wichtig zu nehmen, und erwarten in der Führungskraft einen Spiegel ihrer Originalität.« (Gertrud Höhler in: *»Aktueller Wertewandel und neue Führungsstrategie«*, 1989)
- *»Management by Love – Mehr Erfolg durch Menschlichkeit«*. (Buchtitel von Gerd Gerken, 1990)
- »Die Atmosphäre, in der das neue Profil von Leistung modelliert wird, ist in diesen neuen Vokabeln manifest.«
  (Gertrud Höhler, *Wertewandel*. Daß Günter Ogger in seinem

Managerverriß »*Nieten in Nadelstreifen*« 1992 G.H. als »rhetorische Vielzweckwaffe« diffamiert, beruht zweifelsohne auf männlichem Futterneid.)

■ ... und was steckt dahinter?

Eine erstklassige Marketing-Idee. Sie gründet auf folgenden Überlegungen der Beraterzunft:

Erstens: Ein umkämpfter Markt braucht neue Ideen. Für Verkäufer von Produktideen ist besondere Kreativität angesagt.

Zweitens: Manager (also die Kundschaft) definieren sich durch ihre Arbeit und stehen unter einem starken Wettbewerbsdruck.

Drittens: Es ist nur ein Mythos, daß Erfolg automatisch ein besseres Selbstwertgefühl und Selbstvertrauen mit sich bringt: Manager verbringen viel Zeit mit Grübeleien darüber, was andere Leute von ihnen denken.

Viertens: Die Grenze zwischen strategischer Vision und »Durchwurschteln« ist nicht definiert. Führen erscheint vielen Managern als Seiltanz ohne Stange.

Artisten in der Zirkuskuppel – ratlos

Berater verstehen sich als Helfer in der Not. Sie lassen ungern zu, daß ihre Klientel vom Seil stürzt. Also machten sie sich auf die Suche nach einer geeigneten Balancierstange, die sich dem ratlosen Artisten in der Zirkuskuppel in die Hand geben ließ. Auf das schon mehrfach bewunderte, besonders feine Gespür der Consultants für Trends und Trendchen war auch in diesem Fall Verlaß – und die neu eingeführte Terminologie der Menschlichkeit ließ sich problemlos in den bisher gepflegten Glamour-Jargon integrieren. Über Menschliches und Allzumenschliches zu dozieren machte außerdem Spaß, las sich flott und verkaufte sich wie warme Semmeln.

Die einen beschworen »soziale Führungstugenden« und die »geglückte Kombination von Ratio und Intuition«, die anderen verwiesen auf die »Bedeutung des Menschlichen und die sozialen Aspekte des betrieblichen Miteinander« (u.a. Hans Michael Lezius u. Heinrich Beyer, *»Menschen machen Wirtschaft«*, 1989).

»Führung muß den Erlebnischarakter von Arbeit sichern« (G.Höhler), ein Chef müsse »flexibel mit dem Wandel des wirtschaftlichen und gesellschatlichen Umfeldes umgehen können und gelernt haben, Visionen zu formulieren und zu vermitteln« (J.P. Kotter), Sensibilität für Veränderungen im sozialen und politischen Raum, Begeisterungsfähigkeit für Menschen und Aufgaben sowie emotionale und physische Stabilität seien als qualitative Merkmale für jede Führungspersönlichkeit unabdingbar.

The medium is the message

»The medium is the message«, sagte einmal der Werbepapst Marshall McLuhan. Die neue Sprache beeindruckte. Ihr Vokabular hatte einen ganz ungewohnten Charme. »Vertrauen«, »Sensibilität«, »menschliche Wärme«, »Heiterkeit« – das waren weiche, warme Klänge in einer grauen, harten, kalten Alltagswelt. Wie war es doch erfreulich, daß man sich als Führungskraft nicht nur mit Ablauforganisationen und Lernkurven plagen mußte, sondern sich endlich als Manager und Mensch fühlen durfte.

Diese aus der Sicht von 1987 für den Manager der Zukunft absolut unentbehrlichen Merkmale sind natürlich trainierbar – von den entsprechenden Spezialisten. Skeptische Einwände konnten elegant mit dem Verweis auf Theodor Lewitt abgeblockt werde: Es sei falsch, einfach nach Lösungen zu suchen, vielmehr müsse man lernen, die richtigen Fragen zu stellen.

Jetzt brauchte die Produktidee nur noch einen Namen. Der spontane Einfall eines schwäbischen Seniorberaters »Ma muß mit de Leut schwätze...« traf es zwar inhaltlich, sprachlich aber ganz und gar nicht – viel zu deutsch, viel zu provinziell, und es klang zu harmlos. Schwätzen können die meisten Menschen ohne Hilfestellung eines Beraters.

»Management by ...« dagegen ist immer gut. Der Terminus aus dem Englischen verspricht etwas Konkretes, Praktikables, Umsetzbares, Erfolgversprechendes. Während die Genfer IMI-Professoren noch an ihrem Soft-Managment festhielten, prägte ein Harvard-Wissenschaftler die schöne Headline »Management by walking around«. Recht hatte der Mann: Dieser Name war Programm. Einerseits sachlich, andererseits irgendwie freundlich, gesellig und unverkrampft. Mit seiner Lässigkeit erteilte er eine strenge Absage an Bürokratismus und starre Schemata.

Management by walking around

Und flexibel war das Label »Management by walking around« auch noch. Dazu paßte alles, was auch nur entfernt als der Versuch gewertet werden konnte, das Managerverhalten zu ändern. Mehrdeutigkeiten und Widersprüche waren a priori geduldet, eigentlich sogar vorgesehen, denn die menschliche Natur ist ja bekanntlich auch ziemlich komplex.

Und was wurde nun aus dem Schlendern durchs Unternehmen? Als die nächste Krise aufzog, wurden die Spaziergänge sang- und klanglos gestrichen. Persönlichkeitsmerkmale wie Einsatzfähigkeit, Flexibilität, menschliche Wärme und besonders kommunikative Fähigkeiten sind eben nur in Schönwetterperioden gefragt. In Krisenzeiten verlassen sich Unternehmer immer noch lieber auf Altbewährtes wie strenges Kostenmanagement, exakte Zielverfolgung oder eindeutige Marketing- und Vertriebsorientierung. (Ergebnis einer Befragung der Unternehmensberatung Deindinger in Frankfurt aus dem Jahr 1994.)

Wenn es kriselt, kommt Lopez.

8 Schlank sind wir doch alle

Label (Herkunft):

Lean Production (Massachussetts Institute of Technology, MIT); Lean Management (Womack/Jones/Rose); Downsizing (ursprünglich für Dezentralisierung der Computer-Hardware); Downshifting (Charles Handy).

Schlank ist schön. Schlanker ist schöner. Auf den kürzesten Nenner gebracht, versuchen Lean Management und seine Protagonisten, diesen Leitsatz der Frauenjournale auf Unternehmen zu übertragen. So, wie das überzogene Schlankheitsideal in den westlichen Ländern zu einer schon terroristisch anmutenden Fitnesswelle führte, kam kein Unternehmen daran vorbei, sich Gedanken über seine Leibesfülle zu machen. Lean war in, und das ist es heute immer noch.

Die Initiatoren des Booms waren, schon wieder mal, die japanischen Automobilkonzerne. Sie benötigten einfach weniger Mannstunden, um einen Honda, Nissan oder Toyota auf die Räder zu stellen, als ihre Kollegen in Europa und in den Vereinigten Staaten.

Der Japaner als solcher

Dieses Faktum war den Experten schon bekannt, seitdem japanische Autos auf den Weltmärkten nicht mehr die Knallchargen spielten. Freilich wurde damals die höhere Produktivität der Fernöstler lapidar mit wenig reflektierten Allgemeinplätzen begründet, die oft auch noch heute den »Japaner als solchen« definieren. Der arbeitete angeblich wieselflink und ohne Unterlaß, nahm niemals Urlaub und signalisierte doch einmal auftauchende Unzufriedenheit nicht etwa durch wilde Streiks, sondern durch eine bunte Binde am Oberarm. Kein Wunder also, daß die Produktion nur so flutsche, neidete die westliche Konkurrenz. Da der japanische Arbeiter obendrein mit der schon legendären Handvoll Reis in der Lohntüte zufrieden war, konnten die von ihm gebauten Autos auch noch zu unglaublich günstigen Preisen verkauft werden.

Bis in die frühen 80er Jahre hinein konnte sich die amerikanische und europäische Autoindustrie eine derartige Ignoranz leisten. Bis dahin waren die Marktanteile der Nippon Connection noch leicht zu verschmerzen. Doch sie vermehrten sich, und das kontinuierlich. Autokäufern gefiel die komplette Ausstattung und die zuverlässige Technik. Die Hintergründe der Produktion waren ihnen herzlich gleichgültig.

Bald kehrte in Detroit, Wolfsburg und Turin besorgte Unruhe ein. Allerdings lautete die Kernfrage in Diskussionen unter Auto-Managern nicht etwa »Wie machen die das?«, sondern »Wie kriegen wir die raus?«. Die einstigen Verfechter der freien Marktwirtschaft riefen nach Importbeschränkungen und Strafzöllen. Die kamen denn auch, später sogar in Absprache mit den Japanern, die ihr Exportgeschäft nicht durch Handelskriege gefährden wollten.

Was macht Nippon besser?

Erst gegen Ende der 80er Jahre begannen schlaue Köpfe, die japanische Erfolgsgeschichte unter wissenschaftlichen Gesichtspunkten zu durchleuchten. Das Massachussetts Institute of Technology (MIT) in Boston, eine der weltweit ersten Adressen für technische Forschungen, entdeckte nicht nur, daß in einem Auto aus Japan weniger als die Hälfte der in den USA kalkulierten Arbeitsstunden steckten, sondern auch den Grund dafür. Aus dem MIT scholl bald dieser Begriff in die Welt: »Lean Management«.

Seit 1989 wird diese Zauberformel in der Fachliteratur, auf hunderttausend Seminaren und in jeder Vorstandsetage bemüht. Der bereits an anderer Stelle erwähnte Amerikaner James Womack und seine Autorenkollegen bereicherten die Managementliteratur um die Vokabel »Lean Production«. Als Untermenge folgte ihr die Lean Organization auf dem Fuße. Doch was, bitte, war denn an den japanischen Methoden »lean«?

Lean war zunächst einmal die Organisation, mit kurzen Entscheidungswegen, flachen Hierarchien und durchgehender Konzentration auf das Produkt. Als »lean« entpuppte sich auch die Produktion. Das allerdings bedeutet nicht mehr als den Einsatz aller technologischen Möglichkeiten moderner Fertigung. Und das war durchaus verbunden mit einer Verringerung der Belegschaftsstärke.

Motivation à la japonaise

Die Japaner stellten ihrer hoch arbeitsteiligen Massenproduktion aber auch noch Ideen an die Seite, welche die Motivation und Identifikation der Mitarbeiter mit ihrer Arbeit erhöhen sollten und dies wohl auch taten: Größere Verantwortung im operativen Bereich und die Bildung von Arbeitsinseln, die nicht an arbeitsteiligen Prinzipien rüttelten, aber dennoch mehr Abwechslung boten. (Erinnern Sie sich noch daran, wer das Management by Motivation erfunden hat? Siehe Kapitel 2)

Was ist daran typisch japanisch? Zunächst nichts, aber dann doch, wir kommen später noch darauf zurück. Die Industrieunternehmen in aller Welt standen jetzt unter dem gleichen Druck, der die Japaner einst zu Veränderungen veranlaßt hatte. Herunter mit den Kosten, weg mit unnötigem Aufwand durch die Reibungsverluste einer traditionell funktionalen Organisation, hinauf mit der Kundenzufriedenheit – die West-Manager drückten exakt die gleichen Schuhe.

Richtig zur Sache ging's bei uns erst 1990, nachdem das Autorengespann Womack/Jones/Rose mit *»Die zweite Revolution in der Automobilindustrie«* einen Volltreffer landete. Für die Produktionsverfahren bei Toyota prägte das Trio den Begriff »Lean Production«, seitdem der Dauerbrenner schlechthin, nicht nur bei den Autobauern.

Ihr Ansatz geht über das schlichte Eindampfen der Fertigung hinaus. Die Einbindung und Motivation der Mitarbeiter zur Verringerung von Leerlauf und Verschwendung ist demnach Grundbedingung für erfolgreiche Abmagerungskuren. Den Initiatoren ging es im theoretischen Ansatz weniger darum, teure Mitarbeiter loszuwerden, als vielmehr deren Fähigkeiten optimiert einzusetzen. In der Praxis sah das später anders aus.

Schlanker sein heißt schneller sein

Schlanker sein heißt schneller sein. Diese Weisheit krönt den Erfahrungsschatz jedes Übergewichtigen. Ein Unternehmen, das »lean« im Sinne der Erfinder ist, reagiert schneller auf Kundenanforderungen. »Lean« bedeutet in der Theorie auch, daß sich mit mehr Verantwortung beglückte Mitarbeiter verstärkt für die Ergebnisse ihrer Arbeit interessieren – die Qualität steigt ganz von alleine. Und weil das schlanke Unternehmen weniger auf Hierarchien setzt als die Dickmops AG nebenan, verstehen sich Manager und Mitarbeiter viel besser.

So weit die Predigt.

■ ... und was steckt dahinter?

Hinter Lean Mangement, Lean Production und Lean Organization stecken zunächst einmal Millionen von Arbeitslosen, deren Schlankheitsgrad vom Ausbau des in ihrem Land bestehenden Systems der sozialen Sicherung abhängt. Da Entlassungen niemals Beifallsstürme der Öffentlichkeit hervorrufen, kamen die zukunftsweisenden Ansätze der Lean-Welle gerade recht, um schlichtes Costcutting ein wenig netter zu verpacken. Für die Public Relations-Abteilung ist es natürlich weitaus leichter, die »Weichenstellung für das nächste Jahrtausend« zu verkaufen, als die Botschaft, daß aus Kostengründen ein paar tausend Leute fortan viel Freizeit haben werden.

Unzweifelhaft hatten in Deutschland und anderswo viele Unternehmen in den fetten Jahren Speck angesetzt. Der mußte angesichts magerer Konjunktur und struktureller Krisen runter, ganz klar. Unzählige Unternehmen sind auch tatsächlich schlanker geworden. Sie haben sich von unrentablen Geschäftszweigen getrennt, die Belegschaft reduziert, und schon lange vor der Lean-Welle gab es Industriebetriebe mit schlanker Organisation und kurzen Entscheidungswegen.

Lean-Guru Daniel T. Jones verteidigte sein Konzept in einer Weise, bei der Naivität und Zynismus nahe beieinander lagen. In der

Wochenzeitung *Die Zeit* (Nr. 5/97 vom 24. Januar 1997, Seite 25) erklärte er in einem Interview: »Wenn Sie die Mitarbeiter ernsthaft in den Versuch einbinden, Verschwendung und Leerlauf zu beseitigen und so die Leistung zu steigern, können Sie nicht gleichzeitig permanent Jobs streichen.«

Das heißt aber für Jones nicht, daß die Leute ihre Jobs behalten. Ein paar Floskeln später erläutert er die arbeitsplatzerhaltende Funktion, die mit der Eliminierung von Verschwendung einhergehe: »Dabei wird Arbeit oft in andere Unternehmen – Zuliefer- oder Dienstleistungsfirmen – verlagert. Sie verschwindet also nicht.«

Die Arbeit wird nicht weniger

Global betrachtet hat der Mann völlig recht. Da hat ein Werker in Wolfsburg ein Teil zusammengeschraubt, das nach Verschlankung von einem Zulieferer in Griechenland bezogen wird. Dort braucht es natürlich zusätzliche Arbeitskräfte, um den großen Auftrag von VW abwickeln zu können. Hoffentlich sagt man dem Wolfsburger rechtzeitig, wo seine neue Werkbank steht, damit dieser nicht gleich am ersten Arbeitstag das Flugzeug versäumt und zu spät kommt. Das würde nämlich unserer Volkswirtschaft schaden. Und die ist – wie jede andere Nationalökonomie auch – eher am eigenen Wohlergehen interessiert als am Gedeihen des *global village*.

Auch wenn das Outsourcing von Unternehmen durchgeführt wird, die in der Nähe liegen, kann Jones seine These von der Arbeitsplatzerhaltung nicht wirklich ernst meinen. Schlanker werden wollen die Unternehmen nämlich alle. In der Praxis gibt es auch in florierenden Betrieben kaum Einstellungen. Da werden Überstunden gefahren, bis der Betriebsrat sich vor Schmerzen krümmt, aber das war's dann auch. Der Vorstand zahlt nicht für den Orthopäden.

»Auf dem Weg zum perfekten Unternehmen«

Dies soll nicht der Versuch sein, den Lean-Protagonisten die gegenwärtige Massenarbeitslosigkeit in die Schuhe zu schieben. Die gäbe es leider auch ohne deren Binsenweisheiten. Aber aus der

Notwendigkeit, übergewichtige Unternehmen den wirtschaftlichen Verhältnissen anzupassen, eine Heilslehre fürs Business zu machen, ist albern, peinlich oder unverschämt. Was genau, entscheidet der persönliche Standpunkt.

Daniel T. Jones sind aber selbst in Zeiten zweistelliger Arbeitslosenraten die Betriebe immer noch nicht »lean« genug. Das stellt er in seinem neuen Buch klar. Die Heldenverehrung von Beratern und deren Jüngern ausnutzend, begleitet Jones Freiwillige *»Auf dem Weg zum perfekten Unternehmen«*. Selbst in den modernsten Fabriken, wie sie die Japaner zum Beispiel in seiner britischen Heimat errichtet haben, mußte Jones Verschwendung entdecken. Er orakelt sinngemäß, daß auch dort die Mehrheit der Tätigkeiten nicht wertschöpfend seien, also verschwendete Zeit darstellten.

Die besorgten Redakteure fragten ihn daraufhin in dem bereits erwähnten Interview, wann denn die Menschen noch Muße für kreative Gedanken finden könnten. Die Antwort stimmt traurig. Jones erkärte, daß man »überschüssige Leute aus der Produktion« einsetzen könne, »um die nächsten Verbesserungen zu planen«. Kreativität ist demnach etwas, was geplant werden kann und muß. Und dafür sollten Unternehmen genau die Leute einsetzen, die zuvor – Lean sei Dank – aus der Produktion entfernt wurden? Der Mann ist offensichtlich ein Getriebener, er verdient unser aller Mitleid. Vielleicht wäre ein Praktikum am Fließband seiner weiteren Entwicklung förderlich.

Alibi für Hungerkuren

Jones und seine Mitstreiter finden Nachahmer in Bereichen, von denen sie wahrscheinlich wenig Resonanz erwartet haben. Mittlerweile dient die allgemeine Euphorie über das Lean Management sogar der öffentlichen Verwaltung als Alibi für vermeintliche Hungerkuren.

Nun gehörte der Begriff Schwerelosigkeit noch nie zum Vokabular der Behörden. Das Wort ist aller Erfahrung nach dort eher unbekannt. Auf der Suche nach neuen Kunden entdeckten die Unternehmensberater den Verwaltungsapparat. Schließlich steht dieser unter dem Druck, ein wenig effizienter zu werden, und er hat ungeachtet der allgemeinen Finanzlage immer ein paar Steuergroschen für die eigene Weiterbildung übrig.

Der *Wirtschaftswoche* (Nr. 5/93, Seite 50 ff.) waren denn auch bald nette Beispiele für Verwaltungsdiäten zu entnehmen. Demnach fühlten sich im Zoo zu Nürnberg auch die Tiere wohler, nachdem bei anstehenden Reparaturen von Käfigen nicht mehr eine zentrale Beschaffungsstelle angerufen werden mußte. Die Stadt hat den Zoo schlicht in ein Profit Center verwandelt. Mit reduziertem Etat durften die Tierpfleger nun sehen, wie sie ihre Vogelspinnen über die Runden bringen. Die fehlenden Gelder aus dem Stadtsäckel wogen offensichtlich weniger schwer als die Einsparungen durch die Abkopplung von der kommunalen Bürokratie.

Die Umwandlung von ehemals öffentlichen Betrieben in privatwirtschaftliche Organisationen ist ein alter Hut. Mit Lean ... hat das nichts zu tun. Daß die *Wirtschaftwoche* im Anschluß an den Beitrag gemeinsam mit der Unternehmensberatung Arthur D. Little den Kongreß »Mut zum Wandel – Lean Management in der öffentlichen Wirtschaft und Verwaltung« feilhielt, resultierte ausschließlich aus der Öffentlichkeitswirkung des Themas.

Lean Management – diese Worte stehen für den ruhigeren Schlaf von Unternehmenslenkern und die gute Ertragslage der Beraterbranche. Daß die Schneider des gefragten Deckmäntelchens in den letzten Jahren schlanker geworden sind, ist mehr als unwahrscheinlich.

Wie wär's mit Lean Consulting?

Moment mal – wie wäre es mit Lean Consulting? Unternehmensberater könnten zum Beispiel schlankere Leistungen erbringen, wenn sie weniger zahlreich als mittlerweile üblich auftreten würden. Sie könnten ihr Engagement auf zwei teure Senior Consultants beschränken. Damit würde auch nicht weiter auffallen, daß die beiden ohnehin den kompletten Stab der Consultant & Partner GmbH bilden.

An dieser Stelle regen wir doch gerne an, zeitgemäß und leankompatibel: Laßt doch mal die Kleinen vor. Wenn heute sowieso alles auf schlank getrimmt wird, dann müßte doch die Stunde der Einzelkämpfer, der kleinsten und kleinen Unternehmen gekommen sein. Was wäre denn schlimm, wenn die Konzerne bevorzugt One-man-Consultants beschäftigen würden? Jeder gefeuerte Manager firmiert ohnehin als Unternehmensberater, jedenfalls so lange, bis er einen neuen Kapitaleigner zur Festanstellung überredet hat. In seine Freiberuflerexistenz kann er immer wieder zurückkehren. Wenn er nämlich von Daniel T. Jones erneut als überflüssig erachtet wird.

9 Die (un)heiligen Allianzen

Label (Herkunft):

Synergiemanagement (Hirzel, Leder & Partner, Frankfurt); The Art of Alliances (Rosabeth Moss Kanter); Kooperationsmanagement; Akquisitionsmanagement; Fusionsmanagement; Joint-Venture-Management

In den 70er Jahren zogen dunkle Wolken über den bis dahin strahlend blauen Wirtschaftshimmel der Industrienationen. Denn die OPEC (Organisation erdölexportierender Staaten) verteuerte über Nacht den Produktionsschmierstoff Erdöl. Nicht wenige Konzerne gerieten daraufhin ins Wanken, zumindest aber deren Manager ins Grübeln. Die mit gigantischen Staatsausgaben verbundenen Nachrüstungsprogramme der amerikanischen und europäischen Regierungen fingen zwar die gröbsten Torturen für die Wirtschaft ab, allein die Topmanager waren abrupt aus ihren Träumen vom immerwährenden Wachstum aufgewacht.

»Wie können wir uns gegen künftige Schocks schützen?« fragten sie ihre Berater, und die wußten, wie immer, Rat. »Verbündet Euch mit anderen Unternehmen, und macht Euch damit stark, autark und unangreifbar«, rieten die Consultants. Die meisten Manager fanden die Idee prima. Schließlich konnten sie so ihren naiven Glauben an stetiges Unternehmenswachstum bewahren.

Hinter der Begeisterung steckte aber noch ein weiteres Argument, und das hatte vornehmlich mit den verschlungenen Pfaden im männlichen Stammhirn zu tun.

Wer schneller schluckt, wird schneller fett

An dieser Stelle nämlich müssen wir eine tiefenpsychologisch noch längst nicht erschöpfend behandelte Beobachtung einflechten: Mindestens 90 Prozent aller Akquisitionen werden nur deswegen durchgeführt, weil das übernehmende Management befürchtet, eines Tages selbst von einem größeren Fisch geschluckt zu werden. Unternehmenskäufe sind in aller Regel reine Schutzmaßnahmen der Mitglieder der Geschäftsleitung. Mit der Ausweitung des kontrollierbaren Terrains und der Organisation will man(ager) sich nämlich zu einem möglichst voluminösen Gebilde aufblasen, das allen Raidern der Welt Furcht einjagen und – im Mißerfolgsfall – zumindest im Hals steckenbleiben soll.

Hinzu kommt: Wenn *zwei* Unternehmen zusammengehen, ist normalerweise *ein* Boss überflüssig. In jedem erfahrenen CEO lauert die stete Furcht vor einer freundlichen oder unfreundlichen Übernahme seitens eines anderen Unternehmens – bei ersterer wird das Management vorher anstandshalber gefragt, bei letzterer nicht –, anläßlich derer er womöglich seinen Hut würde nehmen müssen. Getreu der klassischen Wildwest-Weisheit: »Wer zuerst schießt, lebt am längsten« setzte also in den 70er Jahren landauf, landab ein fieberhaftes Nachdenken darüber ein, welches Unternehmen man denn übernehmen könnte – bevor dessen Management womöglich auf denselben Gedanken kommt.

Daß eine Vielzahl M&A (Mergers & Acquisition)-Berater den Managern dabei hilfreich an die Seite hüpfte, vermag den uns bis hierher gefolgten Leser nicht zu überraschen. Consultants leben bekanntlich davon, daß sie die tiefsitzenden Ängste von Managern kennen, diese bis zur Unterschriftsreife des Beratungsvertrages schüren, einfühlsam (aber ohne schriftliches Commitment) eine Befreiung von den Sorgen verheißen und erst nach Zahlung des ersten Honorardrittels damit herausrücken, daß die Aufgabe doch komplexer ist, als sie ursprünglich schien – eine Ausrede, die paradoxerweise auch noch von den Auftraggebern begrüßt wird, weil diese sich nur ungern als Eigner eines Trivialproblemes betrachten lassen.

Who´s the number 1?

Mitte der 80er Jahre war nicht nur in den USA, sondern auch in Europa der ansteckende Virus der Unternehmenshochzeiten auf dem Vormarsch. Reihenweise verbandelten sich die Großen mit den

Mittelgroßen, die Mittelgroßen mit den Kleinen und die Kleinen untereinander. Nur die ganz kleinen Unternehmen blieben unbehelligt und staunten. Entscheidend wichtig für das Zustandekommen des Bündnisses war der ursprüngliche Größenunterschied. Die unausgesprochene Regel lautete: Der Boss des Größeren wird der Boss des Ganzen; der Boss des Kleineren begnügt sich offiziell mit dem zweiten Platz und zieht sich nach einer kurzen Schamfrist und mit einer satten Abfindung zurück.

Notabene: Den Autoren sind eine ganze Reihe Ex-Geschäftsführer und -Vorstände bekannt, deren zeitweilige »Nummer 2«-Rolle Millionen einspielte. Einmal auf den Geschmack gekommen, können begabte Jobhopper daraus ein einträgliches Charakterfach entwickeln.

Zuweilen fanden aber auch zwei Große aneinander Gefallen und verbündeten sich. Das hieß dann nicht mehr Akquisition, sondern Fusion oder – wenn die Ehe offen war – »strategische Allianz«.

Während Fusionen, also offizielle Unternehmenszusammenschlüsse, in der Chemie den Lösungen entsprechen, ist eine strategische Allianz ein Gemisch. Der Unterschied: Wenn eine Lösung zweier Stoffe nur gut genug durchgeschüttelt wird, verschmelzen die einzelnen Bestandteile zu einer homogenen Gemengelage. Beim Gemisch hingegen bleiben die Substanzen nur kurzzeitig getrennt und bilden in Ruhelage immer wieder deutlich unterscheidbare Fraktionen. Der ABB-Konzern beispielsweise, Ende der 80er Jahre aus der schwedischen ASEA-Gruppe und dem schweizerischen BBC-Konzern entstanden, ist vergleichsweise schnell zu einer chemischen Lösung geworden. Als das amerikanische Software-Unternehmen Lotus 1992 mit dem Netzwerkhersteller Novell fusionieren wollte, zogen die Lotus-Manager rechtzeitig die Notbremse. CEO Jim Maanzi erkannte: Es wäre bestenfalls nur ein Gemisch geworden.

Zwei von drei Fusionen gehen schief

Schon auf die Kunst, ein neuerworbenes Unternehmen reibungslos in den eigenen Konzern einzugliedern, verstehen sich die wenigsten Führungskräfte. Und nachweislich gehen auch zwei von drei Fusionen schief. Denn das Verschmelzen von Unternehmen ist eine Wissenschaft für sich: Die erhofften Vorteile aus dem Verbund, die positiven Synergieeffekte, wollen sich partout nicht von selbst einstellen. Doch dem Himmel sei Dank – es gibt Unternehmensberater. Sie propagierten Ende der 80er Jahre ein Suchraster, mit dem Synergien gezielt erschlossen werden können.

Die Frankfurter Mangement-Consultants Hirzel, Leder & Partner rührten 1988 die Werbetrommel für das von ihnen entwickelte Synergiemanagement. Ihre Antwort auf die Frage, warum Unternehmensehen ebenso oft scheitern wie die von Müllers und Meiers, lautete: »Die vermeintliche Position der Stärke nach einer Fusion macht nachlässig, und so erweist sich Größe rasch als vergänglicher Vorteil.« Und, schlimmer noch: »Manager sind unfähig, Synergiepotentiale überhaupt zu erkennen.« Deshalb rieten die Berater zur kritischen Selbstbetrachtung und Konzentration auf diejenigen Geschäftsfelder und Funktionen, in denen der jeweilige Partner stark ist. Daneben sollten Produkte und Dienstleistungen beider Partner nach der Verschmelzung weitgehend angepaßt und standardisiert werden (1), der Know-how-Transfer beschleunigt (2), die Produkte und Dienstleistungen wechselseitig unterstützt (3), die Prozesse und Verfahren angeglichen (4), Wissensvorsprünge ausgeglichen (5) und die wechselseitige Ergänzung von Verfahren und Funktionen angestrebt werden (6). Synergiemanagement in sechs Parallelschritten – andere Berater nannten es Akquisitionsmanagement oder Joint-Venture-Management – unzählige Topmanager strebten nach solch eingängigen, konfliktfreien Lösungen. Lösungen?!

Drum prüfe, wer sich ewig bindet

Auch die Harvard-Professorin Rosabeth Ross Kanter glaubte erkannt zu haben, warum so viele Unternehmenszusammenschlüsse scheitern. »Wenn es um die Kandidaten einer möglichen Partnerschaft geht, wird allzuoft unnötig viel Zeit darauf verwandt, die finanziellen Kriterien zu prüfen; besser wäre es, eine solche Kooperation in erster Linie unter menschlichen Vorzeichen zu sehen«, schrieb Ross Kanter im *Harvard Business Manager* (2/1995). Mit typisch weiblichem Gespür für Beziehungen entdeckte sie, daß Unternehmensallianzen ähnliche Phasen durchliefen wie zwei Menschen in einer Ehe: Umschau nach dem Wunschpartner, die Werbung um ihn, Verlobung, Heiratsversprechen, Gründung eines gemeinsamen Hausstandes – in einer fünften Phase verstehen sich die Partner dann wirklich gut, oder sie trennen sich wieder.

Die Wissenschaftlerin, die – hüstel, hüstel – im Nebenjob für die US-Beratungsgesellschaft Booz Allen & Hamilton tätig ist, verkündete den Managern deshalb eine völlig neue Allianzstrategie, die sich am ehesten mit den Worten »Drum prüfe, wer sich ewig bindet« beschreiben läßt. Wenn zwei Firmen ineinander aufgehen sollen, müsse nun mal die Chemie stimmen – siehe weiter oben. Ross Kanters Lehre vom Management einer Unternehmensallianz gipfelt in dem Satz: »Ein gutes Verhältnis zwischen Firmenchefs, das auch persönliche und gesellschaftliche Interessen einschließt, kann eine geschäftliche Übereinkunft begünstigen oder scheitern lassen.«

■ ... und was steckt dahinter?

Wir haben nichts zu verlieren. Wir verkaufen weder Fusions- noch Eheberatung. Darum sagen wir, wie es wirklich ist: Wenn sich Frau Meier mit Herrn Schulze ehelich verbündet, kann keiner der beiden darauf vertrauen, daß (1) das Bündnis bis in alle Ewigkeit hält und (2) es irgendwelche Vorteile für beide Partner bereithält. Genau deshalb beschließen die beiden klugerweise vorher, ein paar Jahre ohne Trauschein zusammenzuleben. Sollte Frau Meier in dieser Zeit herausfinden, daß sie *ohne* Herrn Schulze besser oder zumindest nicht schlechter klarkommt, so wird sie sich von ihm trennen. Sollte Herr Schulze entdecken, daß ihn Frau Meier einengt oder daß sie ihm einfach nur auf die Nerven geht, so wird er Abstand von einer Heirat nehmen. So einfach ist das, jedenfalls bei Meiers und Schulzes.

Bei Unternehmen, über deren Geschicke meistens angestellte Führungskräfte befinden, ist das ganz anders. Eine kleine Geschichte wird dies beweisen.

Geschichten, die das Leben schreibt

Karl E. Meier, Vorstandschef der Icks Übsilon AG, beschließt nach professioneller Beratung und ausgiebigen internen Diskussionen gemeinsam mit seinen Vorstandskollegen, den Aktionären der Zett AG ein Übernahmeangebot zu machen. Die Zett AG ergänzt nämlich das Produktportfolio der Icks Übsilon AG erstens vortrefflich, zweitens ist Zett in exakt solchen Ländern vertreten, in denen Icks Übsilon nicht präsent ist, und drittens – das weiß Meier von seinem Chefberater – antichambriert Walter F. Schulze, der Vorstandschef der Zett AG, seit Monaten beim Hauptaktionär der Icks Übsilon AG – der Allgemeinwohl-Versicherungs-AG –, um deren Interesse an einem Aktientausch zu eruieren.

Seitdem Meier nun aus sicheren Quellen erfahren hat, daß Schulze als Keynote Speaker zum Kundenabend der Allgemeinwohl-Versicherungs-AG geladen wurde, weiß er um die Eilbedürfigkeit der Angelegenheit. Zwei Tage vor besagtem Kundenmeeting legt er seinem Aufsichtsrat die schlüssigen Expertisen seiner (externen) Berater vor und bittet um Startgenehmigung für den Takeover. Der Aufsichtsrat gibt grünes Licht, und Meier legt los.

Ein ausgeklügelter Plan

Aktienübernahmeangebot an alle Aktionäre (zwei Mark über Börsenkurs plus Umtauschoption in Icks Übsilon-Papiere) und an den Vorstand der Zett AG (»... fühlen wir uns Ihrer Zustimmung gewiß ...«); konspiratives Geplauder ohne bewußte Touchierung der Insider-Regeln mit dem Chefredakteur der *Börsenzeitung*; erste Kontaktaufnahme mit einem auf Zett-Vorstände spezialisierten Outplacement-Experten; höflich formulierte Einladung zum privaten Abendessen (» ... meine Gattin begeht ihren 50. Geburtstag ...«) an Walter F. Schulze; nicht minder höflich, aber diesmal wirklich von Herzen formulierte Absage an denselben just einen Tag vor dem Ereignis (»... müssen wir leider bedauern ... bitten wir um Ihr Verständnis, daß Ihre verspätet eingetroffene Zusage ...«); erneuter Brief an die Aktionäre (»... fühlen wir uns verpflichtet, den zukünftigen Anstieg des Börsenkurses mit plus drei Mark zu honorieren...«); sensibler Hinweis an den Vorstandschef der Allgemeinwohl-Versicherungs-AG, daß die Tochter Zett AG demnächst wohl zu einer Portefeuillebelastung werden würde (»... mein Freund, der Chefredakteur der *Börsenzeitung*, deutete so etwas an...«); —- drei Wochen später Verkündung des geschlossenen Deals in allen einschlägigen Wirtschaftspublikationen, allen voran der *Börsenzeitung*.

Meier führt, klar, den Vorstand der neugebildeten Icks Zett AG an; Schulze wird sein Stellvertreter. Schulze wahrt tapfer das Gesicht, wirft vier Monate später den Krempel hin, und Meier bedauert gegenüber seinem Aufsichtsrat, daß »Schulze den neu erworbenen globalen Kontext unserer Gesellschaft nicht angemessen zu würdigen gewußt« habe.

Wer zahlt, hat das Sagen

Im Hintergrund geschah indes folgendes: Zwei Wochen nach Bekanntgabe der Fusion verordnete der Organisationschef der Icks Übsilon AG per Memo den Zettlern das Ende von derem internen E-mail-System. Künftig sei nur noch die bewährte Icks-Übsilon-Technik zu verwenden. Die Mitarbeiterzeitschrift der Zett AG (Titel: »*Z wie Zukunft*«) wurde eingestellt. Die fusionsbedingte Reorganisation beförderte, welch Wunder, überwiegend Übsiloner an die Spitze.

Die Übsiloner fanden, völlig zu Recht, daß sie die Gewinner des Deals seien, und die Zettler fühlten sich, ebenfalls der Wahrheit entsprechend, als Verlierer. Es rumorte in allen Betriebsteilen, die Gerüchteküche brodelte, die frustierten Zettler traten stillschweigend in einen Bummelstreik und schimpften, vorzugsweise den Kunden gegenüber, über die »arroganten Heinis der Icks Übsilon AG, die uns gekauft haben und dabei keine Ahnung vom Geschäft haben«.

Es kam, wie es kommen mußte: Schon die ersten Quartalsergebnisse blieben weit hinter Plan zurück, und der mehrheitlich aus Meiers Mannen bestehende Vorstand zog lange Gesichter. Nur

Meier lächelte still vor sich hin. Denn Meier hörte nicht mehr auf seine Berater.

Was aber hätte Meier nach Meinung der Synergieberater besser tun sollen? Er hätte natürlich sofort nach dem Zusammenschluß ein Beraterteam mit der unternehmenskulturellen Glättung der Fusion beauftragen sollen. Einige Dutzend Consultants und beigeordnete Associates hätten vermutlich genügt, um einen Katalog der dringlichsten Informations- und Kommunikationsmaßnahmen zu entwickeln.

Beispielsweise hätten sich Meier und Schulze bereits am Tag der Eheschließung in sämtlichen Niederlassungen beider Gesellschaften den Mitarbeitern vorstellen sollen; eine rasch erworbene Cessna (Buchungskonto: Aufwendungen im Zusammenhang mit der Fusion) hätte die Transaktionszeiten auf ein Minimum verkürzt.

Auch abendliche Informationsveranstaltungen in den Werkshallen, für läppische 150 000 Mark, attraktiv arrangiert von einer Event-Agentur (mit Volkstanz und heißen Würstchen!) hätten die Mitarbeiter flugs einander nähergebracht. Eine aus Vertretern sämtlicher Abteilungen gebildete Task Force hätte unter fachkundiger Leitung der Berater eine neue Mitarbeiterzeitung oder einen Videofilm konzipieren können. Damit hätten die negativen Gefühle der Zettler mit Leichtigkeit in Begeisterung und Engagement für das große Ganze verwandelt werden können.

Warum lächelte Meier?

Hätte, hätte, hätte ..., all das hat Meier eben nicht gemacht. Und weil das die meisten übernehmenden Manager nicht tun, gehen so viele Akquisitionsprojekte und Firmenzusammenschlüsse schief. Das jedenfalls sagen Berater und Managementtheoretiker.

Was sie hingegen elegant unter den Tisch fallen lassen, sind die Kosten. Die Kosten für die konsultative Fusionskonzeption und -Implementation, die Kosten für die Cessna, den Videofilm und die Mitarbeiterzeitung sowie die Kosten des diskussionsbedingten Arbeitsausfalls der Betriebsmultiplikatoren in irgendwelchen Kommunikationsworkgroups. Nicht zu vergessen: die Würstchen. Bleibt festzuhalten: Die Gesamtaufwendungen solch propagierten und in Szene gesetzten Synergiemanagements können unschwer die Gewinne mehrerer Quartale auffressen. Und jetzt wissen Sie, warum Meier lächelte.

10 Der Wendehammer

Label (Herkunft):

Change Management, Veränderungsmanagement (Arthur D. Little und andere); Journey Management (Andersen Consulting); Business Transformation (Gemini Consulting); Paranoisches Veränderungsmanagement (Tom Peters)

Auf dem Weg ins nächste Jahrtausend zwingt der zunehmende Wettbewerbsdruck die Unternehmen, ihre Ziele und Strategien fortwährend neu zu überdenken und zu variieren. Denn alles um uns herum verändert sich in rasantem Tempo. Politische Entscheidungen halten kaum länger als eine Legislaturperiode; die gesellschaftlichen Strömungen mäandrieren heftig zwischen kollektivem Phlegma und partialinteressiertem Protest; die Umwelt holt zum großen Vergeltungsschlag aus; die Weltbörsen werden nervöser; das internationale Kapital trifft man am ehesten in den Computernetzen an; in wachsendem Tempo lösen neue Produkte, neue Verfahren und neue Anbieter das gestern auf den Markt Gebrachte ab; und mit den Chancen auf den internationalen Märkten ist es wie mit dem Geldstück im Hütchenspiel: Kaum meint man, es erspäht zu haben und will zuschnappen – da, zack, sitzt es schon an einer ganz anderen Stelle.

Einigkeit in globalen Fragen

Es gibt keine Refugien mehr, in denen die Menschen ein wenig verschnaufen können. Statt dessen gibt es einen globalen Konsens über die Existenz des stetigen Wandels. Manager und Unternehmer interpretieren den Wandel (engl.: change) zuvörderst als permanente Veränderung der wirtschaftlichen Rahmenbedingungen, und das macht ihnen angst. Das ist auch vollkommen verständlich, denn wenn Geschäftsführer Mackenthum weiß, wo er heute steht, aber keine Ahnung hat, wo er künftig stehen wird, dann bedeutet dies für ihn einen Sprung ins Ungewisse. Weil man sich dabei aber, zumal als unsportlicher Mensch, alle Knochen brechen kann, braucht Geschäftsführer Mackenthum Hilfestellung. Erstens braucht er jemanden, der ihm rät, wohin er springen soll, also Marktauguren, Wirtschaftsweise, Zukunftsspäher und Trendgurus. Und dann braucht er noch jemanden, der ihm beim Sprung unter die Arme greift.

Und wer könnte das besser als diejenigen, die den permanenten Wandel überhaupt und als allererste entdeckt haben?

Das *Change Management* entdeckte zu Beginn der 90er Jahre das Licht einer sich nach wie vor verändernden Welt. Es sollte das Grundübel der ständig verspäteten Reaktion durch vorzeitige Aktivierung der Veränderungsbereitschaft im Unternehmen beseitigen: Handeln, bevor unbedingt gehandelt werden muß. Change Management hat das Lernziel, den Wandel als Chance zu begreifen, und zu diesem Behufe wollen seine Protagonisten den Unternehmen beibringen, wie diese die Lernbereitschaft, die Lernfähigkeit und die Lerngeschwindigkeit ihrer Organisationen steigern können.

Change Management – eine programmierte Unterweisung

Veränderungsvorhaben vollziehen sich in den meisten Unternehmen, jedenfalls in solchen, die Berater an Bord haben, nach einem bestimmten Muster. An dieser Stelle möchten wir doch – im Sinne angewandter Leserorientierung – einen ungefähren Eindruck von der ungeheuren Komplexität dieses im Grunde unbeschreiblichen Vorhabens geben. Und so wird's gemacht:

- Jedes anständige Change Projekt braucht einen Namen. Den Turnaround bei Philips taufte Gemini Consulting anspruchsvoll »Centurion«; das gleiche Unterfangen der gleichen Berater hieß beim französischen Softwarehaus Cap Gemini optimistisch »Genesis«; beim Keksmulti Bahlsen betreute Andersen Consulting das Mega-Projekt »Impetus '98«.
- Danach durchforsten die Berater das Unternehmen, studieren

bedrucktes Papier und interviewen die Führungskräfte. Aus dieser Analyse ergibt sich das *Design* des veränderten Unternehmens.

- Nun wird das große Change Projekt in viele kleine Change Projektchen portioniert. Praktisch bekommt jede Abteilung ein eigenes.
- Die in jedem Teilprojekt notwendigen Veränderungen werden von separaten »Work Groups«, »Steering Committees« oder »Project Teams«, in denen unter Leitung eines Beraters die wichtigsten Mitarbeiter der Abteilung sitzen, ausgedacht. Während dieser Zeit kommen die Leistungsträger zu nichts, schon gar nicht zur Arbeit.
- Um alle Mitarbeiter auf die Projekte einzuschwören, wird ein Kommunikationsteam (Leitung: mindestens *ein* Berater) ins Leben gerufen. Das Team bringt eine Zeitung oder einen eigenen Online-Dienst heraus, der die Basis regelmäßig über den Projektfortschritt informiert. Damit wäre dann die gesamte Belegschaft im Ausstand.
- Damit auch das Management etwas zu tun hat und die Consultants nicht ständig von der Arbeit abhält, reist es mitunter wochenlang durch die Konzernwelt und hält das Personal in der Diaspora bei Laune. Diese Roadshows sind eine Erfindung der Berater. Einige sind stets dabei und liefern Flankenschutz.
- Wenn die Work Groups präsentable Ergebnisse ausgetüftelt haben, werden diese in mehrtägigen Veranstaltungen in der Konzernzentrale oder in einem schönen Hotel auf dem Lande den Mitarbeitern vorgestellt.
- Schließlich geht es an die Umsetzung. Weil inzwischen aber kaum ein Mitarbeiter mehr weiß, wohin er sich denn konkret verändern soll, verändern sich viele erst einmal aus dem Unternehmen heraus und kündigen. Einige andere, so die bedauerliche Analyse, können die anstehenden Changes leider rein qualifikationsmäßig nicht mitvollziehen und werden freigesetzt ...
- ... und damit haben der Kunde und die Consultingfirma genau das erreicht, was den Veränderungsprozeß erfolgreich werden läßt: Die Belegschaft ist um 15 Prozent geschrumpft, die Kosten

sinken, das Management ist aus dem Schneider und die Berater ein paar Milliönchen reicher.

»Agieren statt reagieren«

Das sagt natürlich keiner so direkt. »Agieren statt reagieren«, so lautet die Botschaft der Unternehmensberatung Arthur D. Little (ADL), seinerzeit einer der eifrigsten Verfechter des Change Managements. Denn, klar, der Wandel in Gesellschaft, Wirtschaft und Technologie erfordere neue Strategien. Um weiter erfolgreich zu sein oder um es überhaupt zu werden, sollten die Unternehmen

- die Potentiale des Marktes früher als andere erkennen,
- ihre unternehmerischen Chancen konsequent nutzen,
- mehr Sensibilität entwickeln und
- Wettbewerbsvorteile durch Initiierung des Wandels realisieren.

Gegen keinen einzigen Punkt dieses Pflichtenheftes wird ein Manager Einspruch erheben, denn das alles klingt nicht nur plausibel, es ist es auch. Wer, ganz unabhängig vom allgegenwärtigen Wandel, das Potential seiner Märkte nicht kennt, seine Chancen nicht nutzt und keinerlei Antenne fürs Geschäft besitzt, der ist ein sicherer Kandidat für den Konkurs.

Nehmen wir also nochmals die Broschüre der Berater in die Hand; vielleicht haben wir ja doch die entscheidende Stelle übersehen. Weiter unten steht, daß die Komplexität dieser Aufgabe nach neuen Wegen verlangt. Und für die Entwicklung zukunftsorientierter Strategien sei interdiziplinäre Zusammenarbeit notwendig. Und dabei steht Arthur D. Little gern zu Diensten.

Die Berater erläutern auch gleich, warum sie diese Hilfestellung so trefflich leisten können: »Arthur D. Little verfügt über ein ausgefeiltes Instrumentarium zur Entwicklung maßgeschneiderter Problemlösungen und ihrer Umsetzung in der betrieblichen Praxis.« Als potentieller Kunde nehmen wir überdies mit Interesse zur Kenntnis, daß ADL über »qualifizierte Projektteams« verfügt, selbstverständlich mit »langjähriger Industrie- und Management-Kompetenz«, und daß der Sinn der Übung in der Verbesserung unserer Position in ausgewählten Geschäftsfeldern zu sehen sei.

Yin und Yang und der stete Wandel

Weil sich die international renommierte und wirtschaftlich außerordentlich erfolgreiche Consultancy damit allein nicht besonders vom Wettbewerb abhebt, versorgt sie die geneigten Leser am Rande mit fernöstlichen Weisheiten zum Thema ewiger Wandel: »Yin und Yang, die unergründlichen Gegensätze, die ohne einander nicht existieren können, erzeugen in ihrem endlosen Gegenspiel Schwingungen und Wellen, die eine permanente Bewegung und ständigen Wandel bewirken. Veränderungen entstehen auch beim Mikadospiel, wenn sich zufälliges Chaos in eine verborgene, schöne Ordnung wandelt. Der Reiz des Spiels wird dadurch erhöht, daß jeder Mitspieler versucht, zuerst die Stäbe mit der höchsten Punktzahl zu erlangen.«

O ja, das ist lustig. Hinzuzufügen ist allenfalls, daß immer der Berater den Stab mit der höchsten Punktzahl zieht. Er schreibt schließlich die Rechnung. Deshalb vergißt ADL auch nicht, die Bedeutung des teuersten Stabes, des Mikado, herauszustellen. Sie sind schon Meister der Symbolik, die Japaner.

Beim Mikado ein paar Mark zu gewinnen, hat der amerikanische Managementguru Tom Peters längst nicht mehr nötig. Peters läßt einfach jeden Einfall, der ihn in der Badewanne, im Büro oder beim Bier mit Freunden ereilt, in Buchform herausgeben. Den Rest erledigt die Nachfrage, und die ist bei Tom Peters grundsätzlich gewaltig. Denn die Bücher des Amerikaners lassen sich ebenso schnell und genüßlich verschlingen wie Comics oder Hamburger. Sie haben allerdings auch einen vergleichbaren Nährwert.

In der Ruhe liegt die Kraft

Eines seiner jüngeren Werke zum Thema *Veränderungsmanagement* (*»Das Tom Peters Seminar. Management in chaotischen Zeiten«*) ist als Buch, als Hörspiel auf Kassette, als Video und bei Drucklegung unseres Buches vielleicht schon als T-Shirt erhältlich. Peters vertritt darin die fatalistische Überzeugung, angesichts des Tempos des allgemeinen Wandels doch gleich jeden Versuch einer

Organisation vergessen zu können. Mit anderen Worten: Nach Meinung des ausgewiesenen Ökonomen und Unternehmensberaters sollte man der Unruhe des Unternehmensumfeldes mit internem Chaos begegnen. Er empfiehlt die Rekrutierung verrückter Manager und prophezeit das alleinige Überleben der Paranoiker. Achselzuckend folgt die Begründung: »Crazy Times call for Crazy Organizations.«

Es ist die hektische Betriebsamkeit, die laut Peters den Erfolg eines Unternehmens in diesen unseren wechselvollen Zeiten garantiere. Weil sich das Management nicht gegen die Veränderung stemmen könne, solle es einfach alles über Bord werfen, was ihm Organisationslehre und Lebenserfahrung all die Jahre hindurch nahegelegt haben. Dann erst seien Unternehmen in der Lage, Produkte herzustellen, die Spaß machen. Und nur darauf komme es heute an.

Chaos? Paranoia?? Spaß??? Kein Unternehmer auf der Welt bezahlt seine Berater dafür, daß diese ihm fröhlich beizubringen versuchen, Spaß zu haben. Ganz im Gegenteil, meinen die Berater von Andersen Consulting, das Management des Wandels sei eine ernsthafte, ja überlebenswichtige Angelegenheit. »Change Management bedeutet stringentes Vorgehen. Es fordert harte Arbeit und verlangt nach konsequenten Aktionen.« Und weiter, ganz apodiktisch: »Organisationen und Mitarbeiter, die sich nicht ändern wollen, brauchen Change Management nicht.«

Vereint marschieren

Change Management à la Andersen Consulting setzt bei der Identifikation der strategischen Ziele an: Wo will das Unternehmen in, sagen wir, zehn Jahren sein? Welche erkennbaren technologischen Entwicklungen wirken auf dieses Ziel ein? Welche Rolle spielt die zunehmende Globalisierung der Weltmärkte dabei? Und wie wirkt sich der akzelerierende Wissensverfall, die rapide wachsende Flut neuer Informationen auf das strategische Ziel aus? Aus der Gewichtung und Bewertung all dieser Daten, Einschätzungen und Prognosen kristallisiert sich, so die Theorie, nach und nach das strategische Ziel des Unternehmens heraus. Im nächsten Schritt geht es dann um die Frage: Wie erreichen wir dieses Ziel?

Andersen Consulting bietet sich als Begleiter auf dieser Reise ins Ungewisse an, und als unentbehrliches Necessaire haben die Guides ihr Modell »Journey Management« im Reisegepäck. Mit Journey Management kann die Komplexität des Wandels verdichtet und dargestellt werden, um den Change-Prozeß letztlich operabel werden zu lassen.

Journey Management

Journey Management beginnt bei der Erkenntnis, daß sich Veränderungen stets auf zwei Ebenen abspielen: auf der Makro-Ebene (Unternehmensleitung) und auf der Mikro-Ebene (Mitarbeiter). Von der Makro-Ebene erwarten die Berater das begeisterte »Auf, auf!« zum Wandel, von der Mikro-Ebene Empathie, Toleranz oder zumindest keinen offenen Widerstand.

Im zweiten Schritt differenzieren die klugen Consultants nach einem Angebot an Veränderungsinitiativen (»Können«) und der Nachfrage nach Veränderungen (»Wollen«). Soll heißen: Das Management entwickelt eine Menge Ideen, wie sich die Organisation ändern kann; die Beschäftigten überlegen anschließend, ob sie die vorgeschlagenen Änderungen zu vollziehen bereit sind.

Aus den Resultaten der Schritte 1 und 2 konstruieren die Analytiker von Andersen Consulting einen Algorithmus. Die mögliche Veränderungsleistung ergibt sich danach als Produkt der vier Multiplikatoren:

Können (Fähigkeit zur Veränderung) x *Wollen* (Demotivation ausräumen) x *Dürfen* (Freiheit der Entscheidung) x *Möchten* (sich gut dabei fühlen) = *Veränderungsleistung*.

Fraglos bringen die Berater nicht das ganze, umfängliche Veränderungsgeschehen auf diese kurze Formel; das Modell ist weitaus komplexer. Aber so ist das schließlich auf Reisen. Das Necessaire enthält immer nur das wirklich Entscheidende: Rasierzeug, Seife und Kondome.

■ ... und was steckt dahinter?

»The times they are a changin'«. Diesen bedeutungsschweren Satz krächzte der amerikanische Barde Bob Dylan in den späten 60er Jahren in alle Welt hinaus. Offensichtlich erreichte die *message* seinerzeit noch nicht alle Chefetagen. Anders läßt sich der anhaltende Verkaufsboom des Produktes Change Management im Grunde nicht erklären.

Wenn sich nämlich die Zeiten ändern, und das immer wieder, dann muß sich – denkt man in Absatztermini – der Name des Produktes ändern, mit dem ein Unternehmen den bösen Gezeiten trotzen kann. Denn welcher Geschäftsführer gibt schon gutes Geld für etwas aus, was seine Vorgänger bereits anno 1954 resp. anno 1974 als *dernier cri* gepriesen haben?

Geschäftsführer Mackenthum aber hat *heute* Probleme, seinem Beirat eine plausible Antwort auf die Frage zu geben: »Und wie wollen Sie das Unternehmen in die Zukunft steuern?« Deshalb opfert er einen halben Arbeitstag und lädt die Consultants zur Präsentation. Die übliche Folge: Nach dem Meeting weiß er, daß er a) ein ganz besonders schwerwiegendes Problem hat, b) dieses eine ganz besondere Herausforderung für die Berater darstellt und daß c) die Berater alles, aber auch alles daransetzen würden, ihm, Makkenthum, aus der Patsche zu helfen. »Ich bin also für die Jungs strategisch wichtig«, frohlockt Mackenthum, »also werden die wohl nur mein Bestes wollen.«

Genau das wollen die Berater natürlich. Haben.

The early bird gets the worm

Hätte der Geschäftsführer zwischen den wohlformulierten Sätzen und den durchgestylten Charts ein wenig nachgedacht, so wäre er möglicherweise zu der Einsicht gelangt, daß er dem permanenten Wandel durchaus mit eigener Kraft Paroli bieten könnte. Der intellektuelle Inhalt der Mogelpackung läßt sich auf eine in England jedem Kind bekannte Weisheit reduzieren: Der frühe Vogel fängt den Wurm. Wer sich auf seinen Lorbeeren ausruht und zu spät mitkriegt, daß rings umher alle Lorbeerbäume abgeholzt werden, bekommt Probleme. Unternehmen müssen immer ein Ohr am Markt haben, denn der Wettbewerb schläft nie. Und wenn sie sich denn mal verändern müssen, dann bitte nicht auf dem Rasen.

Um jenem Erkenntnisschub bei der Klientel vorzubeugen, bedienten sich Berater wieder bei Bob Dylan – freilich ohne es zu ahnen. In dem bereits weiter oben erwähnten Song heißt es nämlich auch »... and don't criticize what you can't understand...«. Auf deutsch: Niemand hat zu nörgeln, wenn ihm der Durchblick fehlt. Aber genau dafür zu sorgen, gehört zu den hervorragendsten Fähigkeiten des akademisch gebildeten Beraters.

Um einerseits die Methodik von störenden Faktoren zu entkoppeln, andererseits der Klientel jede Möglichkeit zu einem Anfall von Verständnis zu nehmen, gebar die Managementmethoden-Industrie (kurz: MI) den Begriff Change Management. Damit war eine jener Phrasen auf dem Tisch, bei denen der Manager angesichts des erläuternden Beraters nicht mehr geistesabwesend »genau« murmelte, sondern sogar noch versuchte, mit seinem Gesichtsausdruck eine Mischung von Problembewußtsein und lösungsorientiertem Nachdenken zu vermitteln. In Wirklichkeit fragte er sich natürlich: »Was um Gottes willen ist das?«

Veränderung des Wandels wegen

Tatsächlich segeln unter der Flagge Change Management die üblichen Klassiker der Betriebswirtschaftslehre. Ebenso wie bei dem bereits jedem BWL-Anfänger sattsam bekannten Herrn Professor Wöhe werden beim Change Management Organisation und Logistik entschlackt, Informationssysteme effizienter gestaltet, Produktion und Forschung optimiert, Mitarbeiter motiviert und die Zukunftsmärkte nach Kräften ausgespäht.

Eines allerdings ist wirklich neu beim Change Management. Es bewältigt nämlich nicht nur eingetretene Veränderungen, sondern legt das Ruder schon um, bevor die Welle am Horizont auftaucht. Zwar weiß noch niemand, woher die Welle kommt, wie hoch sie ist und ob sich das Schiff für sie interessieren muß – aber der Kurs wird mit der Ruderbewegung verändert. Jeder Steuermann eines Seelenverkäufers würde für solches Verhalten auf der Stelle den Haien übereignet.

Vielleicht wollte Tom Peters mit seinem Plädoyer für den paranoiden Dadaismus im Unternehmen genau das sagen. Vielleicht betrachtet er seine im übrigen ausgesprochen unterhaltsamen Empfehlungen als Satire und ist über die Ernsthaftigkeit, mit der der ratlose Manager seinen Rat in die Praxis umsetzt, schwer erschüttert. Wir glauben das eigentlich nicht. Doch wenn dem so ist, können wir Peters zumindest Fahrlässigkeit vorwerfen.

Gäbe es die Berater nicht – wer erinnerte uns an unsere Vergänglichkeit, an Ende, Vergessen und Staub? Wir leben in bewegten Zeiten. Alles fließt oder verändert sich wenigstens sehr schnell. Kein wirtschaftliches Rahmendatum hat noch lange Bestand. Nichts ist beständig, außer dem Wandel. Jeder neue Tag bringt Veränderungen mit sich. *(Falls Ihnen eine noch originellere Formulierung einfällt, lassen Sie's uns wissen. Die Nachfrage ist enorm.)*

11 Gemeinsam sind wir stark

Label (Herkunft):

Team Management, Management by Task Force;
Chancenmanagement (UBM Management Consulting)

Mit dem Verweis auf strategische Leistungen der Vorzeit, wie beispielsweise der Bau der Pyramiden im alten Ägypten, wird die Unternehmensführung von Kritikern gelegentlich als alte Kunst unter neuem Namen bespöttelt. Die Probleme der Manager hätten allenfalls insofern zugenommen, als die Arbeiter im 20. Jahrhundert nach komplizierteren Spielregeln agieren. Seitdem sich Menschen mit der Entwicklung von Organisationen beschäftigen, werde im Grunde stets über dieselben Probleme nachgedacht: Es gehe um Führung und Motivation (unter welchem Label auch immer), um die Gleichung »Zeit ist Geld«, um die Optimierung technischer Abläufe und um die Steigerung der Produktivität.

Über Sinn und Zweck der ägyptischen Pyramiden gibt es verschiedene Theorien. Über Wert und Nutzen modernen Managements ebenfalls. Die heutigen Pyramidenbauer verkünden es gern als ihre Aufgabe, einen Leistungsbeitrag für die Gesellschaft zu erbringen. In Wirklichkeit geht es ihnen natürlich erst einmal um die größte und schönste Pyramide, sprich: den Wertzuwachs im eigenen Unternehmen. Den erreicht man bekanntermaßen nur durch die Steigerung des Leistungsvermögens der Mitarbeiter. Die Frage ist nun, wie man es schafft, ihre Leistung zu steigern. Und die ist tatsächlich mindestens so alt wie die Lehre vom Pyramidenbau.

Das wußte schon Ramses

Die Antworten übrigens auch. Sie reichen von komfortableren Arbeitsbedingungen über bessere Bezahlung bis zur Personalpolitik. Entweder sucht man Mitarbeiter aus, die bereits über die für die jeweilige Aufgabe erforderlichen Fähigkeiten verfügen, oder man trainiert die erforderlichen Fertigkeiten, oder man paßt die Aufgaben der Quantität und Qualität der vorhandenen menschlichen Ressourcen an.

Ist dieser erste Schritt getan, muß nur noch eine Karotte ausgewählt und offeriert werden, die süß genug duftet, um den Esel auch über längere Strecken voranzutreiben.

Seit den berühmten »Hawthorne-Studies« der 20er Jahre und ihrer wissenschaftlichen Auswertung in den Dreißigern hat sich die Erkenntnis durchgesetzt, daß die Leistungsbereitschaft am Arbeitsplatz vor allem durch Affinität zur Arbeit und das Gefühl, ernstgenommen zu werden, geprägt wird. Sie läßt sich durch Lenkung und Kontrolle allein nicht steigern. Eine Folge der Experimente im Hawthorne-Werk der Western Electric Company war der Bruch mit der bis dahin vorwiegend mechanischen Sicht von Organisationen als simple Strukturen, die aus aufeinanderfolgenden Handlungsabläufen gebildet sind.

Max + Moritz = Team

Seither fahndet man in verschiedenen Ansätzen danach, diese Erkenntnis zu nutzen. Entweder wird versucht, Arbeitnehmer zu besseren Leistungen zu »motivieren« (siehe Kapitel 2), oder man bemüht sich, die Rahmenbedingungen so zu verändern, daß der Output gewissermaßen automatisch ansteigt. Seit die Motivationsforschung der Natur menschlicher Bedürfnisse und Zielsetzungen auf der Spur ist, werden ihre Ergebnisse auch in Studien zur Organisationsentwicklung integriert. Warum sollte man Managementprozesse auch nicht durch die Nutzung psychologischer Erkenntnisse verbessern können? Schließlich geht es ja immer um Menschen in der Gruppe. Und was hätte Max ohne Moritz angestellt?

Die Koordination von Muskelkraft stellt gleichermaßen ein organisatorisches und psychologisches Problem dar. Sämtliche Projekte im Betriebsalltag erfordern sowohl einen strategischen Ansatz – beginnend mit der Entscheidung, wer mit welcher Teilaufgabe beim Bau des Gesamtkunstwerks betraut werden soll – als auch eine effiziente Umsetzung. Sobald aus einer kleinen Firma, in der sich noch alle Mitarbeiter gut kennen, ein größerer Betrieb mit autonomen Unternehmensbereichen geworden ist, nimmt zwangsläufig auch die Spezialisierung am Arbeitsplatz zu – bei gleichzeitig abnehmender allgemeiner Kommunikation. In seiner Funktion als Manager hat der heutige Baumeister daher die zuweilen undankbare Aufgabe, Mitarbeiter daran zu hindern, sich hinter ihrem engen Aufgabengebiet zu verstecken und nur an ihrem persönlichen Quader herumzumeißeln. Denn was nutzt es, daß der Klotz am Ende perfekt gestaltet ist, wenn die Rampe, mit der er in seine endgültige Position gehievt werden soll, unter der Last zusammenbricht?

Am Anfang war die Arbeitsgruppe

Wer nicht als Cheftyrann vorwiegend Kommandos erteilt und sich am liebsten um alles selbst kümmert, muß also zwangsläufig irgendwann einmal auf den Gedanken kommen, eine »Arbeitsgruppe« zusammenzustellen.

Natürlich nicht aus blanker Philanthropie, damit die Leute nicht so einsam vor sich hin werkeln, sondern aus der Erkenntnis heraus, daß kaum jemand alles machen und bedenken kann. Da ist es doch sinnvoller, sich nicht von einem einzigen Steinmetz abhängig zu machen und mehrere Menschen mit der Aufgabe zu betrauen, auf daß die Rampe die fertigen Quader auch tragen kann.

Arbeitsgruppen sind so alt wie die Zivilisation. Dachstühle oder Kirchenportale, Arenen oder Aquädukte waren schon immer das Ergebnis koordinierter Tätigkeiten ..., selbst Max wäre ohne Moritz nur halb so erfolgreich gewesen. Das einzig Neue ist, daß sie seit den 70er Jahren nicht mehr so heißen. Seither firmieren Arbeitsgruppen unter der Bezeichnung Team. Seither wird nicht nur an einer Steigerung der Arbeitsmoral allgemein herumgedoktert, sondern, wenn irgend möglich, der »Teamgeist« beschworen.

Der in den 80er Jahren begehrte Managertyp mußte teamorientiert sein, keine Frage. Das war erst einmal kein Nachteil für Aspiranten auf die jeweilige Position, denn der Anspruch, auf allen Gebieten selbst über umfassendes Fachwissen zu verfügen, ließ sich schon längst nicht mehr halten. Wer ein Team zusammensetzt, muß nicht in allen Bereichen detailliert informiert sein: Er muß das zu erreichende Ziel vorgeben, die passenden Mitarbeiter an einen Tisch bringen und die notwendigen Kompetenzen zur Erfüllung der Aufgabe vergeben.

Kreativität – dringend gesucht

Die Unternehmensorganisationen litten schon damals häufig unter mangelnder Kreativität. Ungewöhnliche Ideen wurden überdies gern durch systemimmanente Barrieren abgeblockt. Daher schien es durchaus sinnvoll, für bestimmte Projekte Teams zusammenzustellen und nach neuen Lösungsansätzen suchen zu lassen. Wenn man Mitarbeiter aus einem oder mehreren Unternehmensbereichen dazu bringen konnte, ihr Fachwissen zu bündeln, ließen sich eingefahrene Gleise eher verlassen. Projektmanagement, auch unter dem Label »Management by Task Force« gehandelt, sollte eine leichtere Durchsetzbarkeit der vorgeschlagenen Lösungen ermöglichen.

Nach anfänglicher Euphorie über den großen Wurf stieß man allerdings bald auf einige Schwierigkeiten. Teamarbeit, so stellte sich heraus, macht eine Verhaltensänderung auf seiten der Unternehmensführung und der Mitarbeiter notwendig. Teams ließen sich einfach nicht einrichten, wenn die allgemeine Unternehmenskultur weiterhin von einem starren Hierarchiedenken geprägt war. Darüber hinaus zeigte sich im Unternehmensalltag, daß Teams nur unter Einhaltung bestimmter Regeln funktionieren.

Wer ein Team zusammenstellen muß, neigt oft unbewußt dazu, sich mit Gleichgesinnten zu umgeben. Der Spontane arbeitet am liebsten mit unkomplizierten Energiebündeln und meidet die eher zurückhaltenden, introvertierten Kollegen. Genau dieses Verhalten, betonen die Organisationsstrategen, verhindere aber eine effiziente Teamarbeit und begünstige den Mißerfolg. Ein Team sei zwar in der Lage, Schwächen einzelner auszugleichen und verschiedene Erfahrungen zu nutzen – aber nur dann, wenn es nicht aus Clones besteht.

Gefahren der Teamarbeit

Sozialpsychologen hatten schon in den 50er Jahren betont, daß Menschen auch in ihrem Arbeitsumfeld den starken Wunsch haben, von anderen akzeptiert zu werden. In ihren Untersuchungen kamen sie zu dem Ergebnis, daß Mitglieder einer Arbeitsgruppe Verhaltensweisen anderer Mitglieder sogar dann tolerieren, wenn sie sie selbst eindeutig für unangemessen halten (u.a. Miller/Form in »*Industrial Sociology*«, 1951). In diesem starken sozialen Druck liegt die zweite Gefahr der Teamarbeit. Wenn die Harmoniesucht im Team zu stark wird, neigen Teammitglieder dazu, nicht gegen die Mehrheitsmeinung zu sprechen – insbesondere dann, wenn auch der Teamleiter diese vertritt.

Aus Angst, den heiligen Konsens und den Frieden der Gruppe zu stören, bleiben selbst sachlich begründete Einwände in der Schublade. Aus falsch verstandener Loyalität gegenüber dem Anführer des Teams oder sympathischen Kollegen werden mitunter zweifelhafte Entscheidungen einfach hingenommen. Wenn die ungeschriebene Spielregel im Team heißt: »Wir sind uns immer einig«, dann wird kreatives Ausbrechen aus den gewohnten Pfaden unterdrückt und damit der ausdrücklich angestrebte Erfolg verhindert. Der Initiator des Teams kann seine Aufgabe daher nicht als beendet betrachten, wenn die Aufgabenstellung erteilt ist. Ständiger Kontakt mit der Gruppe ist nötig, um zu verhindern, daß »ähnliche Intelligenzen zusammensitzen und ihre Einigkeit genießen« (G. Höhler, »*Wettspiele der Macht*«) – oder (eine weitere Gefahr) sich von einem besonders selbstbewußten Einzelkämpfer manipulieren lassen.

Auf der Suche nach dem Dream Team

Die Problematik im Teamalltag blieb natürlich weder Wissenschaftlern noch Unternehmensberatern verborgen.

Beide Fakultäten machten sich auf die Suche nach griffigen Tips zur Zusammenstellung und Überwachung des perfekten Teams. Es wurden Fragenkataloge entwickelt (Wer ist wer? Welche Ziele?

Welche Bedürfnisse? Welche Ängste?), die notwendigen Tugenden definiert (Offenheit, Transparenz, Belastbarkeit, Fairneß, Kommunikationsfähigkeit, Mut, Zivilcourage etc.) und Rollenspiele aufgeführt: »Wie verhalten Sie sich als Teamleiter, wenn Teammitglied Meyer grundsätzlich alle Vorschläge von Teammitglied Müller ablehnt und das genaue Gegenteil proklamiert?« – »Wie gehen Sie mit Sympathien und Antipathien um?« – »Wie schaffen Sie es, die Schweigsamen in der Runde aus der Tarnung zu locken?« – »Wie verhindern Sie, daß Kollege Schmitz durch Einschüchterungstaktik die kreative Frau Weber ständig ins Leere laufen läßt?« – »Wie unterbinden Sie die bekannten Verzögerungsstrategien?« – »Wie gehen Sie überhaupt mit Unsicherheit um?« Und dergleichen mehr.

Manager sahen sich plötzlich mit Erwartungen konfrontiert, denen sie nicht gewachsen waren. Psychologisches Gruppentraining hatte bislang nicht auf dem betriebswirtschaftlichen Lehrplan gestanden. Und nun, auf einmal, sollte ein Manager von seinem gewohnten Selbstdarstellungskonzept abweichen und mit den neuen »weichen« Faktoren klarkommen. Gar nicht so einfach.

Immer wieder wird neu gewürfelt

Aber auch die Mitarbeiter im Team erkannten bald die Tücken des Systems. Gelungene Teamarbeit stärkt das Selbstbewußtsein der Teilnehmer und vermittelt das Gefühl sinnvoller Arbeit. Die gewohnten Machtstrukturen werden angeknabbert – allerdings nur für die Dauer des jeweiligen Projekts. Denn hat die selbstorganisierte Einheit ihre Aufgabe erledigt und ist das Projektziel erreicht, wird wieder neu gewürfelt. Dann definiert die Unternehmensleitung das nächste Etappenziel, und dann muß das nächste Team gebildet werden. Wenn dann der momentane Teamleiter auch noch zum einfachen Projektmitglied heruntergestuft wird, brechen möglicherweise die üblichen Kämpfe um Macht und Hierarchie spontan wieder aus.

Also muß wieder neu nachgedacht werden.

Unter dem Titel: »*Management im Umbruch*« sucht August Joas nach »*Wege(n) aus der Krise*«. Der Berater der UBM Management

Consulting GmbH fordert ein »integriertes Managementverständnis«, das den neuen Rahmenbedingungen und Trends – Technologiedynamik, Globalisierung, Märkte im Umbruch, Umwelt, Umverteilung und neue Rollenverteilung – gerecht wird. Eine neue Managementphilosophie sei vonnöten, denn die Trends und Herausforderungen wären so gravierend, daß sie mit den alten Paradigmen nicht mehr zu greifen seien.

Wow! Hätten Sie's geahnt?

Unter dem Etikett »Chancenmanagement« stellt Joas den angestrebten Paradigmenwechsel vor:

- hierarchische Führung und Fremdsteuerung werden abgelöst von partizipativer Führung und Selbststeuerung in Teams,
- dauerhafte, feste Strukturen werden durch temporäre, adaptive Strukturen ersetzt, sozusagen Teamstrukturen,
- materielle Werte verlieren gegenüber immateriellen Werten an Bedeutung,
- das Primat der Ökonomie wird abgelöst vom Einklang Ökonomie, Ökologie und Ethik. Und von Teams.

Joas räumt ein, daß dieser Katalog nicht in einem großen Wurf zu realisieren ist. Wichtiger erscheint ihm jedoch »ein Ansatz, der den skizzierten Leitgedanken entspricht und Impulse für die Diskussion und Realisierung realer Veränderungsleistungen gibt.«

■ ... und was steckt dahinter?

Ein neues Wort für Altbekanntes. Eine Chance, und eine Menge Probleme...

... die auch in den neunziger Jahren noch keineswegs gelöst sind. Im Gegenteil, denn das wirtschaftliche Umfeld hat sich ja nicht besonders freundlich entwickelt. Herkömmliche Denk- und Verhaltensmuster versagen angesichts der heutigen Herausforderungen.

Die Idee, es deshalb mal im Team zu versuchen, ist so übel nicht. Aber die Kunst der Unternehmensführung allein darauf zu reduzieren und mit nett klingenden, aber inhaltlich leichtgewichtigen Worthülsen als Managementlehre zu verkaufen, ist verwerflich. Denn auch mit den besten Teams im Lande wird man die geänderte geopolitische Lage, das akzelerierende Innovationstempo, den Wachstumsboom in Südostasien und die durch Umweltzerstörung entstehende Schäden vermutlich nicht in den Griff bekommen.

Darauf können Sie Gift nehmen.

12 Kreativ dem Nichts entgegen

Label (Herkunft):

Management by Chaos (Tom Peters); Netzwerkorganisation, fraktale Organisation, virtuelle Organisation; evolutionäres Management.

In diesem Buch wird eine Managementmethode nach der anderen verrissen. Eigentlich ist das nicht fair. Kritik soll konstruktiv sein – haben wir das vergessen? Warum hacken wir zum Beispiel auf einer so charmanten Idee wie dem »Management by Pu« (siehe Kapitel 22) herum? Wir sollten uns doch freuen, daß Unternehmensberater auch in tristen Zeiten noch Sinn für Vergnügliches haben.

Haben wir überhaupt in einer einzigen Zeile mal an die Psyche des Consultants gedacht? Sein Job ist doch wirklich nicht das reine Zuckerschlecken. Immer wieder mit neuen Konzepten und Methoden um die Aufmerksamkeit von Medien und Managern ringen – das ist auf Dauer sehr dröge. Die beratende Tätigkeit als solche erfordert auch einiges. Denn die Unternehmen, die sich der Experte für Verfahrenes vorknöpft, haben ja nichts als Probleme. Und wer soll alles wieder ins Lot bringen, und wer muß sich beschimpfen lassen, wenn die Therapie nicht sofort anschlägt? Der Consultant natürlich.

Eine Schweigeminute für die Consultants

Ein solches Arbeitsumfeld ist nicht besonders stimulierend. Man braucht eine ganz schön dicke Haut, um nicht an der eigenen Psyche Schaden zu nehmen. Gut, die Krankenschwester auf der Intensivstation muß auch viel verkraften, schließlich sterben ihr die Patienten zuweilen einfach weg. Aber ihr Beruf ist in der Gesellschaft wenigstens anerkannt, gerade weil kaum jemand ihn ausüben möchte. Der Berater hingegen, auf dessen Empfehlung hin ganze Legionen von Arbeitskräften wegrationalisiert werden, der soll das einfach wegstecken können, und dann auch noch mit der Mißgunst derer klarkommen, die ihm das vertraglich vereinbarte Honorar nicht gönnen?

Consultants sind hochsensibel. Der Beweis: Sie allein können die von den Weltmärkten ausgesandten schwachen Signale wahrnehmen und in einen sinnvollen Zusammenhang zum Business ihrer Klienten stellen. Weil sie, wie gesagt, hochsensibel sind, müssen sie äußerste Disziplin aufbringen, um bei all den von ihnen aufgedeckten Schwächen, Defiziten und dem Futterneid der Ignoranten nicht in Schwermut zu versinken.

Die Erkenntnis, daß genaugenommen weder Zeitwettbewerb, Fokussierung auf Kernkompetenzen, TQM, Lean Production, Kaizen oder Reengineering das Gelbe vom Ei sind, ist zumal für den jungen Berater eine starke psychische Belastung. Sicher, der Mißerfolg des jeweils zuletzt implementierten Konzepts ist auf der einen Seite ein Segen. Denn wenn irgendeins der Konzepte je funktioniert hätte, könnte man ja nie wieder ein neues verkaufen, nie wieder den mißlungenen Ansatz komplett reengineeren, nie wieder den Durchbruch zur wahren Strategie finden. Andererseits macht der im Keim angelegte Mißerfolg aber auch den Stärksten irgendwann einfach mürbe.

Schwache Geister geben auf

Darf man sich da wundern, daß schwache Geister einfach aufgeben, den Beruf wechseln und Wanderprediger werden? Nur Menschen mit wahren Nehmerqualitäten bleiben Consultants und machen weiter – irgendwie, abhängig vom jeweiligen Temperament und dem Grad der inneren Reife. Der *Erbsenzähler* kontrolliert, wie viele Verbesserungsmöglichkeiten noch unentdeckt im momentanen Trendkonzept schlummern, und stürzt sich verbissen in die Feinarbeit. Der *Wagemutige* reißt das Ruder völlig herum und fängt am jeweils anderen Ende des Theoriespektrums wieder an: nach Dezentralisierung die Zentralisierung und umgekehrt. Der *Geniale* geht in sich ... und schreibt ein Buch, in dem er den angestauten Frust verarbeitet. Wenn der Zufall mithilft, kommt er noch vor dem Schlußkapitel seines fünfhundertseitigen Werkes dem Geheimnis erfolgreichen Managements näher und kann der gläubigen Anhängerschaft nun endlich die wahre Strategie-Bibel zu Füßen legen.

Der *Exzentriker* verfällt naturgemäß auf eine besonders ausgefallene Lösung. Er schreibt auch ein Buch, aber ein ganz anderes. Am liebsten mehrere ganz andere, in einem Abstand von etwa einem Jahr. (Dieses Intervall hat sich aus verlegerischer Sicht übrigens als besonders günstig erwiesen.)

Wer aber darf sich als Exzentriker bezeichnen? Oldsmobile-Fahren allein reicht nicht. Der Edinburger Psychologe David Weeks hat mehr als 1000 Anwärter untersucht und ist zu folgendem Ergebnis gekommen: Exzentriker sind geradezu systematische Nonkonformisten.

Exzentriker in die Kreativabteilungen

Sie stellen jede »selbstverständliche« Annahme in Frage, akzeptieren nichts als gegeben, sind neugierig, idealistisch, optimistisch – und folglich enorm kreativ. Der Durchschnittsvertreter dieser Gattung ist nicht nur ein glücklicherer Mensch als die meisten, weil er daran glaubt, mit seiner Theorie oder Verhaltensweise die Menschen beglücken zu können – er nimmt auch deutlich weniger ärztliche Dienste in Anspruch als der Rest der Bevölkerung. Er ist kerngesund und ungeheuer produktiv. Daher ist er der ideale Vertragspartner für Krankenversicherungen und Verlage.

Manager sind selten exzentrisch. Meist suchen sie Ordnung, Planbarkeit, Verläßlichkeit und überschaubare Strukturen.

Sie werden zwar manchmal von Visionen heimgesucht, sind aber vom Typ her eher Realisten.

Das heißt aber keineswegs, daß sie nur nüchterne Lektüre bevorzugen. Ganz im Gegenteil, denn sonst hätte der Amerikaner Tom Peters 1993 kein Buch mit dem Titel *»The Pursuit of Wow!«* verkaufen können. Dieses Buch, in dem es um das Thema »Wow!« geht, wurde wie alle Bücher des spaßigen Exzentrikers ein Mega-Bestseller: Wie *»Thriving on Chaos«* (1987), *»Liberation Manage-*

ment« (1992) und »*Crazy Times Call for Crazy Organizations«* (1994).

Der Unternehmensberater und Alleinverkäufer des Produktes »Tom Peters« hat neuere Erkenntnisse der mathematischen Chaosforschung studiert und daraus Schlußfolgerungen für die Kunst der Unternehmensführung gezogen. Aber bevor wir darauf eingehen, erklären wir erst einmal, worum es bei der Chaostheorie *nicht* geht.

Die ordentliche Chaostherie

Die Chaostheorie hat nichts mit Unordnung zu tun, ganz im Gegenteil. Schon seit einigen Jahren wissen die Chaosforscher, daß ein Chaos eigentlich gar keines ist, sondern nur so aussieht. Seither fahnden sie, mit verblüffenden Resultaten, nach einem Bauplan, einer fraktalen Ordnung im scheinbaren Durcheinander. Das, was wir im allgemeinen Sprachgebrauch als »Chaos« bezeichnen, ist eine Bewegung, die nach minimaler Veränderung der Anfangswerte einen völlig unvorhergesehenen Verlauf nimmt. Kein Mensch kann vorhersagen, wie sich die Situation entwickelt. Aber soviel ist sicher: Sie entwickelt sich.

Beim Verkehrs-Chaos muß beispielsweise nur einem Autofahrer mitten auf einer vielbefahrenen Kreuzung der Treibstoff ausgehen, vier andere Fahrer bemerken zu spät, daß sie nicht vorbeikommen, und schon ist die gesamte City für Stunden verstopft. Das bekannte Kinderzimmer-Chaos wird durch die unerwartete Addition oder Subtraktion elterlicher Zuwendung ausgelöst. Das Kind zieht sich in seinen emotionalen Schutzraum zurück und kommuniziert seine Gefühle allen Gegenständen, derer es nur habhaft werden kann. Nach vollendeter Trauer- oder Glücksarbeit hat es dann keine Lust, aufzuräumen. Kindern macht Chaos Spaß.

Als die Mathematiker endlich den Grund dafür entdeckten, daß eine minimale Ursache eine große Wirkung haben kann (nämlich den, daß die winzige Ursache lange Zeit unentdeckt bleibt), sprang Tom Peters auf den Zug. Denn die fulminante Erkenntnis läßt sich natürlich prächtig in die Lehre von der Unternehmensführung übertragen. Auch dort kann eine geringe Instabilität zu einer Fluktuation führen, die sich durch unangemessene Reaktionsweisen zum Chaos auswächst. »Der Sand im Getriebe«, der »Selbstlauf«, die berüchtigte »Eigendynamik«, die Dinge bekanntlich entwickeln können und es meistens genau dann tun, wenn niemand damit rechnet, sind nur einige Beschreibungen des Phänomens mit anderer Terminologie.

Werden zum Beispiel Kontrollmaßnahmen ergriffen, die die Eigenheiten des Systems nicht berücksichtigen, oder bleiben Ungenauigkeiten im Produktionssablauf längere Zeit unentdeckt, kann ein »Chaos« entstehen. Das ist ebenso bedauerlich wie bekannt.

Einöden und Wüsteneien

Was verkündet nun der höchstbezahlte Berater Amerikas in seinem Oeuvre? Chaotisches, vor allem. Peters ist der festen Überzeugung, daß »die meisten Unternehmen furchtbar öd und langweilig sind« – was ihn insofern besonders nervt, als »die Welt kopfsteht« und eine Umwälzung erlebt, wie sie nur alle zwei Jahrhunderte stattfindet: »The market is frightening, terrifying and irrational« *(»Liberation Management«)*. Langeweile und Öde seien aber nun wahrhaftig keine Heilmittel gegen Probleme in revolutionären Zeiten.

Auch das, was alle Unternehmen anstreben, nämlich geschäftlicher Erfolg, ist letztlich von Übel. Erstens ist Erfolg sowieso reine Glücksache, nicht mehr als ein Nebenprodukt des allgegenwärtigen Mißerfolgs, und zweitens macht er blind. Also muß man sich nicht nur konzentrieren (auf die Kernkompetenz), sondern »die ominösen Kräfte der Veränderung tolerieren« und »auch bereit sein, Selbstmord zu begehen« *(»Crazy Times Call for Crazy Organizations«)*. Den Selbstmord läutet man am besten durch selbsterzeugte Katasthrophen ein. Sie fragen, warum? Aus dem einfachen Grund, behauptet Tom Peters, weil es klüger ist, sich selbst umzubringen, als sich von anderen vernichten zu lassen.

Aber halt! Jetzt ölen Sie nicht gleich den Revolver! Ein Selbstmord ist immer nur die Ultima ratio. Sogar Peters sieht gewisse Alternativen. Nicht in jedem Falle muß man sofort das eigene Grab schaufeln, zuweilen reicht es schon, die Hierarchie zu zerschlagen. Der US-Manager Mike Walsh ist ein Held nach Tom Peters Herzen. Als Walsh 1987 seinen Posten bei der Union Pacific antrat, entließ er erst einmal nahezu das gesamte mittlere Management. Das hatte bis dahin »die Arterien des Unternehmens verstopft«. Auch der Schwede Percy Barnevik bekommt von Peters einen Orden für die mannhafte Gesundschrumpfung von ABB: 210.000 Beschäftigte werden mit einem vergleichsweise mickrigen Stab von 150 Managern dirigiert.

»Verlieren heißt gewinnen«

Beruhigend für die Anhänger von Tom Peters ist vor allem, daß sich auch die Zeit vor dem potentiellen Suizid noch recht angenehm gestalten läßt. Dazu muß man den zweiten Lehrsatz des Meisters beherzigen, der da lautet: »Verlieren heißt gewinnen«. Das Wesen und der Motor der Marktwirtschaft, versichert Peters in verkaufsförderndem Kontrast zu sämtlichen Ökonomen seit Adam Smith, sei der Mißerfolg. Ohne Mißerfolg funktioniert nichts.

Als Beweis für seine These führt Peters seine Leser nach Silicon Valley, der High-Tech-Aorta der Vereinigten Staaten: »Silicon Valley ist ein Friedhof. Die größte Stärke von Silicon Valley sind seine Fehlschläge.«

Wenn Sie diese Logik nicht verstehen, dann können Sie nicht chaotisch denken. Das tut uns leid, denn ...

... da man das Chaos letzlich nicht verhindern kann, sollte man die in der »Unordnung« liegende Vielfalt vorbehaltlos anstreben. Und zwar möglichst flexibel *(»Thriving on Chaos«)*. Wie schon der Schweizer Ökonom F. A. Hayek bemerkte, ist Marktwirtschaft ein weites Feld, das unser Verständnis bei weitem übersteigt. Märkte sind nun mal nicht fair, und man bekommt keineswegs immer den gerechten Lohn für investierte Arbeit. »Yeah!«, triumphiert Tom Peters.

Die einzig mögliche Konsequenz aus all der Unbill ist folgende Lehre des Tom Peters:

- »Things are too fast for us to sort out logically what's going on. Our understanding of cause and effect is hopelessly incomplete, frightfully misleading, and getting worse by the day ...«
- »So disorganize!«
- »And keep disorganizing!«
- »Try anything! The more screwups the merrier«.

Auf gut deutsch: Schließen Sie Ihren Schreibtisch und Ihr Büro ab, werfen Sie den Schlüssel fort, und fahren Sie in Urlaub. Sie können sowieso nichts mehr ändern.

■ ... und was steckt dahinter?

Die Ratschläge des Gurus lesen sich ausgesprochen vergnüglich. Welches andere Managementbuch steht unter einem so lustigen Motto wie *»Crazy Times Call for Crazy Organizations«*, das mit einem Zitat von Andy Grove, dem Vorstandsvorsitzenden von Intel beginnt: »Nur die Paranoiden überleben«.

Auch Peters' Idee, die Langeweile in langen Unternehmenskorridoren durch den Einsatz von gut funktionierenden Wasserpistolen zu bekämpfen, zeugt von Humor. Der Rat, vorzugsweise Spinner und Nonkonformisten einzustellen, ist vielleicht gar nicht so abwegig. Etwas mehr Kreativität und Elan kann keinem Unternehmen schaden. Und viele Organisationsformen gehören tatsächlich in die Mottenkiste. Produkte sollen tatsächlich Spaß machen, jedenfalls manche. Der Markt ist unbeständig, wer darauf nicht reagiert, ist nicht mehr lange im Geschäft.

Aber was macht ein Unternehmen mit Peters' Tip, alles aufzugeben? Hoffentlich nichts! Das scheint auch der Autor zu ahnen. Schreibt er doch im Vorwort zu *»Liberation Management«*: »If you've done all the close-to-the-customer things that I begged you to do in my first three books (*»In Search of Excellence«*, *»A Passion for Excellence«* und *»Thriving on Chaos«*) ..., I'm not sure you'll be any ›closer‹ five years from now than you are today.«

Na? Sind Sie jetzt schlauer?

13 Mit jedem Tag viel schlauer werden

Label (Herkunft):

Lernende Organisation, Learning Organization, LEO (Arthur D. Little u.a.); Intelligent Enterprise (James Brian Quinn)

Das Konzept der Lernenden Organisation (LEO) wurde – Sie ahnten es natürlich schon längst – in den Vereinigten Staaten ausgeknobelt. LEO stieß in den frühen 90er Jahren nach Europa vor, zunächst in die Elfenbeintürme der Betriebswirtschaftslehre. Die Idee fand aber bei den Professoren solch großen Anklang, daß sich die Diplom- und Doktorarbeiten darüber häuften. Es kam, wie es kommen mußte: Ein paar LEO-Experten begannen ihre Karriere als Associates bei Unternehmensberatungen, und siehe da – schon erblickte ein neues Beratungsprodukt das Licht der Welt.

Nun aber zunächst zu des Pudels Kern. Die hohen Mißerfolgsquoten anderer Managementkonzepte – beim Business Process Reengineering spricht man von 70 bis 80 Prozent, bei Total Quality Management gar von 80 bis 90 Prozent – brachten den US-Wissenschaftler James Brian Quinn und einige seiner Kollegen auf den gar nicht mal so dummen Gedanken, daß die schönste Theorie nicht funktioniert, wenn Management und Belegschaft nicht mitziehen. Wenn keiner Lust hat auf allfällige Veränderungen und sich deshalb (außer dem Konto in der Buchhaltung »Aufwendungen für Unternehmensberatung«) rein gar nichts bewegt.

»Es wird etwas geschehen«

Sobald die Consultants das Haus verlassen, fällt nämlich jeder wieder in den gewohnten Schlendrian zurück. Diesem Phänomen hatte übrigens schon lange vor LEO der deutsche Schriftsteller Heinrich Böll in betrüblicher Unkenntnis der kommerziellen Nutzbarkeit seiner Entdeckung eine Satire gewidmet (vgl. dazu: »Es wird etwas geschehen«, in *»Dr. Murkes gesammeltes Schweigen«*).

Die bahnbrechende Erkenntnis, daß die menschlichen Verhaltenskomponenten und deren Anpassung an Veränderung ein kritischer – wenn nicht der kritische – Erfolgsfaktor sind, nahm also leider wieder nicht auf deutschen Boden ihren Anfang.

Die Erkenntnis ereilte vielmehr einen amerikanischen Ökonomieprofessor, als er an einem Frühlingstag einer neuenglischen Entenfamilie beim Schwimmtraining für die Kleinen auf dem Frog´s Pond in Cambridge zusah und ansonsten guter Dinge war. Was die Entenschar da so trieb, erregte die Aufmerksamkeit des Herrn Professor.

Am Anfang ließ Mutter Ente ihre Küken fröhlich und unkümmert weit fort von sich auf dem Teich herumpaddeln. Als jedoch ein Unwetter aufzog, machte sie dem Freiheitstrieb ihrer Familie blitzschnell ein Ende, indem sie jedes einzelne Mitglied ihrer Organisation – pardon: es muß natürlich Brut heißen – mit energischem Gezwicke an ihr Gefieder holte. Die Wolken verzogen sich, und Mutter Ente ließ ihre Kleinen wieder weiter von sich fort.

Was lernen wir von den Ducks?

Kurz darauf bedeckte sich der Himmel erneut, und (just in diesem Augenblick machte es bei dem Professor »klick!«) sofort flitzte die gesamte Kükenschar zurück in die schützende Nähe der Mama. In kurzer Zeit hatte die Kleinen also begriffen, daß wechselnde Umstände ein anderes Verhalten erforderlich machten und sie widrigenfalls von seiten der Mutter bestraft werden würden.

»Wie«, so begann der Wissenschaftler nun zu grübeln, »können wir solche Verhaltensänderungen bei Unternehmensorganisationen erreichen? Wie können die Mitglieder einer Organisation Verhaltenslernen lernen?« So kompliziert drücken sich Organisationstheoretiker wirklich zuweilen aus.

Das war schon die halbe Miete oder, besser formuliert, der halbe Umsatz. Denn hat ein Managementtheoretiker erst einmal die richtige Frage gefunden, läßt die Antwort nicht lange auf sich warten. Sie ward auf dem Nachhauseweg ebenso rasch wie wissenschaftlich unangreifbar formuliert: Durch das Anstoßen und Aufrechterhalten von Lernprozessen, die Verhaltensänderungen in die gewünschte Richtung unterstützen. Setzen, eins!

Das LEO-Konzept hält sich gar nicht erst mit der Frage »ob« auf, sondern fragt gleich nach dem »wie«. Es geht ganz einfach davon aus, daß nicht nur Individuen, sondern auch Unternehmen als solche lernen können. Nicht die Gebäude, die bleiben selbstverständlich dämlich, sondern die Gesamtheit der sich darin Aufhaltenden – der ganze Organismus eines Unternehmens, sozusagen. Und zwar völlig organisch oder so ähnlich.

In 7 Schritten zur Lernenden Organisation

Lassen wir diese erstaunliche These vorläufig einmal stehen und schauen, wie das Konzept in praxi funktioniert. (Daß es aus sieben Schritten besteht, ist sicher kein Zufall. Die Zahl 7 galt schon in früheren Jahrhunderten als magisch.)

Erstens: Das A und O jeder guten Strategie ist natürlich die Zielsetzung. Wer kein Ziel hat, kommt nie dahin, logisch.

Also sucht sich das bisher lernabstinente Unternehmen erst einmal ein besonders schönes, fernes Ziel. (Manager, die an dieser Stelle »Klar, Australien kommt gut« murmeln, outen sich als infantil und werden gefeuert.)

Zweitens: Hektik führt geradewegs ins Chaos. Daher muß der Zieldefinition eine Rekreationsphase, sprich eine grundsätzliche und gründliche Reflexion folgen. Zum Nachdenken sollte man sich immer Zeit nehmen.

Drittens: Da man dabei leicht ins Grübeln geraten kann, tauchen zwangsläufig bange Fragen auf: Sind wir eigentlich lernfähig? Haben wir es »mental« überhaupt drauf, unser Ziel in Angriff zu nehmen? Wo liegen unsere Grenzen? Bleibt Berti Vogts Bundestrainer? Über diese existentiellen Fragen muß man sich Gedanken machen.

Viertens: In 99 Prozent aller Fälle lassen sich diese Fragen nicht klar mit »ja« oder »Grenzen gibt es für uns nicht« beantworten. Der Deus ex machina heißt in diesem Fall: Personalentwicklung. Das Konzept der Lernenden Organisation unterscheidet sich von anderen Strategien auch durch seinen personalschonenden Ansatz. Es rationalisiert nicht einfach weg, sondern es entwickelt.

Fünftens: Nachdem also festgestellt wurde, daß es etwas zu entwickeln gibt, geraten die Umfeldbedingungen ins Visier.

Die sind natürlich komplex und müssen sorgfältig analysiert werden. Das kann dauern.

Sechstens: Zum Glück besteht eine Organisation ja wirklich aus Individuen. Daher wäre es doch leichtfertig, all die schönen Talente und Energiepotentiale der Einzelpersönlichkeiten brachliegen zu lassen. Also nutzen wir sie doch! Wie machen wir das? Ganz einfach: Durch Motivation der Mitarbeiter. Und wie geht das? Vor Sprenger mit Information, Kommunikation, Hierarchieabflachung, Delegation von Verantwortung, Toleranz und Teambildung.

Und schließlich *siebtens:* In einer Organisation auf dem Weg zu einer lernenden schaffen diese Kriterien nicht nur eine angenehme Unternehmenskultur, sondern sie demolieren die Lernbarrieren. Und das ist gut.

Denn sind diese Hürden erst einmal beseitigt, geht alles wie von selbst. Dann hat das Unternehmen eine Lernkultur. Das ist deswegen besonders erstrebenswert, weil eine Lernkultur »selbststeuernde« Lernbedingungen schafft, das heißt, sich ihr eigenes Perpetuum mobile kreiert: Auf längere Sicht notwendige Veränderungsprozesse setzen sich »selbstorganisatorisch« in Gang und bringen das Unternehmen nicht nur dem im ersten Schritt definierten Ziel näher, sondern sie verwandeln die bisher faule in eine Lernende Organisation. Und in einer LEO werden alle jeden Tag noch schlauer.

Das Konzept läßt sich nachvollziehen, es klingt schlicht und einfach. Aber man sollte sich nicht täuschen. Hinter einer genialen Idee steckt eben oft ein sehr simpler Gedanke – den nur vorher noch nie jemand zu Ende gedacht hat. Seit Jahrzehnten wird an Managementtheorien herumgedoktert, aber darauf, die ganze Organisation noch einmal in die Schule zu schicken, ist halt noch keiner gekommen. Vielleicht auch deswegen nicht, weil man bisher nicht unterstellt hat, daß Organisationen als solche lernen können.

■ ... und was steckt dahinter?

Wer lernen will, braucht einen Lehrer. Aus der Firma Wald & Wiese wird nicht ganz von allein eine LEO. Es wird aus ihr vermutlich nie eine LEO, wenn sie sich nicht den ISO-geprüften LEO-Spezialisten ins Haus holt. Also einen mit der nötigen Kompetenz und Effizienz, jemanden der sein Handwerk wirklich versteht, die Zusammenhänge durchschaut und die Schwerpunkte kennt.

Bei Wald & Wiese hat man sofort begriffen, daß man ohne Beistand keine LEO wird. Denn wenn es so leicht wäre, all die schlummernde Potentiale der lieben Mitarbeiter zu wecken und die Phalanx der Lernbarrieren zu durchstoßen, hätte man es doch schon längst selbst gemacht.

Lehrer brauchen Schüler, im vorliegenden Fall also lernwillige Organisationen. Was macht der Griechischlehrer, wenn niemand mehr Griechisch lernen will oder es alle schon können? Richtig: Er wird kreativ. Er bietet einen anderen Kurs an, griechisch Kochen zum Beispiel oder Lyraspielen für Anfänger. Und was macht der Unternehmensberater, wenn die Konzepte A, B und C schon mehrfach implantiert wurden und der Patient dennoch fortgesetzt kränkelt? Richtig: Er entwickelt Konzept D, etikettiert es als »völlig neu« und nutzt den Synergie-Effekt mit vorhandenen Ansätzen.

Die Terminologie gibt den letzten Schliff

Das geht so: Man stelle eine These auf, die nebulös und griffig zugleich ist, leite daraus einen dringenden Bedarf ab, der von keinem existierenden Konzept abgedeckt wird und biete ein dementsprechendes Lösungspaket an.

Dieses Konzept verpacke man in einer Terminologie, die Puristen und Ästheten gleichermaßen verschreckt – solche Menschen sind sowieso chronische Nörgler und werden an jedem Vorschlag etwas auszusetzen haben. Die weitaus interessantere Klientel sitzt in Vorständen und Geschäftsführungen krisengeschüttelter Unternehmen. Die sind beeindruckt von der Komplexität des Themenbereichs und greifen spontan zum Telefonhörer.

LEO-Berater kann naturgemäß nicht jeder werden. Ein Studium an verschiedenen Fakultäten ist nur die formale Voraussetzung. Zum LEO-Berater muß man gewissermaßen geboren sein. Die Fähigkeiten des gemeinen Beraters reichen nicht aus. Man muß über besondere Sensibilität, Charme und Charisma verfügen, man muß Geduld haben, Toleranz, Spontaneität und, ganz klar, eine Vision.

Es versteht sich von selbst, daß Menschen mit solcher Qualifikation sehr gefragt sind, daß sie ihren Rat lächelnd und gern geben, ihn aber nur für ein angemessenes Honorar zur Verfügung stellen können. Das sieht der Boss von Wald & Wiese natürlich ein: Was nichts kostet, taugt bekanntlich ja auch nichts.

Berater haben viel Zeit

Besonders sympathisch an seinem maßgeschneiderten Beraterteam, das nach wochenlangen Vorverhandlungen ins Haus schlendert, ist dem Chef von Wald & Wiese die kraftvolle Ruhe, die diese jungen Leute ausstrahlen. Da wird nicht hinter verschlossenen Türen herumrationalisiert, da werden keine Radikalkuren verordnet, da geht es nicht um Schnellschüsse oder die Bereitstellung kurzfristigen Lösungspotentials. Da herrscht eine offene Atmosphäre, und da spürt man sofort, daß »nicht allein der Mensch, sondern auch die Kommunikation zwischen Menschen im Vordergrund steht« (Klaus Marwitz, Institut für Kommunikation und Zeitdesign, zu finden im Internet auf http://www.lern-org.de).

Das leuchtet dem Vorsitzenden von Wald & Wiese auch ein, denn irgendwie hat er immer schon geahnt, daß es nicht reicht, die Mitarbeiter streng anzusehen. Der Gedanke, mal mit ihnen zu reden, erscheint ihm deshalb gar nicht so dumm.

Natürlich kostet es neben dem Beraterhonorar auch Zeit, Hunderte oder gar Tausende von Angestellten und Arbeitern in den Zustand der Lernwilligkeit zu versetzen. Denn immerhin ist eine Lernende Organisation etwas Ganzheitliches, das sich selbstverständlich nicht mit einem Crashkurs ins Leben stampfen läßt. Da muß man schon ein wenig mehr Geduld aufbringen, so ein Umstellungsprozeß dauert immer ein paar Jährchen.

Training, Workshops und kein Ende

Das Beraterteam muß schließlich die Schritte eins bis sechs erarbeiten, dann bei Punkt sieben verweilen. Es bietet ein Kompakttraining an, es veranstaltet Workshops, steuert die Veränderungsprozesse und überwacht die Nachbearbeitung der Maßnahmen. Das ist zwar sehr aufwendig, aber wenn es zum Beispiel darum geht, die Kommunikationsfähigkeit der Mitarbeiter zu trainieren, ihre Entscheidungsfreude zu fördern und ihre individuellen Fähigkeiten für die Gesamtheit zu nutzen, darf man keine Wunder erwarten.

Verhaltensänderungen, das weiß jeder Raucher nur zu gut, vollziehen sich mit einer Geschwindigkeit von maximal sieben bis zehn Prozent im Jahr! Das bedeutet, daß ein neugegründetes Unternehmen gleich zum Anfang die vom Berater angebotene Schulbank drücken sollte, um rechtzeitig zur Konfirmation von Grund auf lernfähig zu sein. Vielleicht erlebt es diesen Zeitpunkt ja.

Wer jetzt immer noch Gewinnmaximierung zur obersten Maxime eines jeden Unternehmens erklärt, hat nun wirklich nichts begriffen ...

14 Qualität ist immer gut

Label (Herkunft):

Quality First (Mike Robson, MRA International); Total Quality Management (TQM), (integriertes) Qualitätsmanagement (alle renommierten Management-Consultancies)

Ansätze zur Verbesserung der Qualität von Produkten und Dienstleistungen gibt es in höchst unterschiedlichen Qualitäten. Das Spektrum der Darreichungsformen reicht von der Schaffung einer voll und ganz auf Qualität ausgerichteten Organisation (Aufwand: ab einige hundert Beratertage aufwärts) bis zur schlichten Vorbereitung auf die ISO-Zertifizierung (1 Chefberater, 2 Associates, 3 Monate).

Die Konzepte sind schwer voneinander abzugrenzen. Oft sind qualitätsrelevante Vorgehensweisen in benachbarten Lehren, wie zum Beispiel Kaizen und KVP, enthalten, ebenso häufig auch Teil eines übergreifenden Gesamtkonzeptes (Reengineering, Change Management).

Ganz auf den Qualitätsbegriff bezogen treten TQM und die diversen Normen der ISO an. Unter dem Management der totalen Qualität wird gemeinhin die Summe aller Maßnahmen, Verhaltensweisen und Kontrollen mit dem Ziel dauerhafter Exzellenz der Leistungserstellung verstanden. Die Produktion von Qualität gehört zu den Kernaufgaben des Unternehmens und ist in allen organisatorischen Einheiten zu verankern. Jeder Mitarbeiter braucht das Bewußtsein für die Qualitätsrelevanz seiner Arbeit, jeder Zulieferer bindet sich an Philosophie und Vorgaben des Unternehmens.

TQM kann funktionieren. Es muß aber nicht.

Auf einen knappen Nenner gebracht, bedeutet Total Quality Management, kurz TQM, soviel wie »Wir fassen uns alle an den Händen und produzieren ab sofort weniger Fehler«. Das kann funktionieren, muß aber nicht.

Bis zu den frühen 80er Jahren kannte man in Deutschland nur Qualitätszirkel. Gemeint sind damit Gruppen von Mitarbeitern, die sich während der Arbeitszeit zusammensetzten, um die Qualität der Erzeugnisse zu diskutieren. Als die weltwirtschaftlichen Böen an Stärke zunahmen, verging den Unternehmen die Lust an der Diskussion. Ergebnisse, am besten greifbare, mußten her. »Wie greifbar?« fragte der britische Consultant Mike Robson seine Kunden. »Sehr greifbar«, antworten die Vorstände, »am liebsten möchten wir jeden einzelnen Mitarbeiter bei den Schultern schütteln können, wenn er totalen Ausschuß produziert.« Das war die Geburtsstunde von Total Quality Management. TQM bezeichnet die Zuweisung individueller Verantwortung an jeden einzelnen Mitarbeiter und die Ausweitung des Qualitätsgedankens auf das gesamte Unternehmen und seine Zulieferer.

ISO, das im Zusammenhang mit TQM stets verwandte Akronym für die International Standardisation Organization in Genf, ist ein vom Namen der aufsehenden Behörde abgeleitetes Prüfzeichen für la Qualität bei Produkten und Prozessen. Wenn ein Vorstand glaubt, alles richtig zu machen, und ein hinreichend großes Budget für die Schaffung einer Qualitätsorganisation zur Verfügung stellt, kann er seinen Betrieb oder Teile davon bei der ISO für eine Art Qualitätsexamen anmelden. Ohne die Unterstützung spezialisierter Repetitoren schafft das freilich keiner, denn die ISO-Regeln sind dermaßen kompliziert, daß sie außer den Eingeweihten keiner mehr versteht. Vorbereitende Kurse dafür bietet mittlerweile jeder Feld-, Wald- und Wiesenberater an.

Wer nicht mitmacht, fliegt raus

Seit Jahren erfreut sich TQM anhaltender Begeisterung bei Firmen jeglicher Größenordnung. Das hat aber nichts damit zu tun, daß die Geschäftsführer den Wert hoher Qualität erkannt haben. Ganz anders: Weil Müller & Co. gehört haben, daß sich Maier & Cie. zertifizieren lassen, befürchten sie einen Marktverlust, wenn sie selbst unzertifiziert, gewissermaßen unqualifiziert, auf dem Markt ihre Dienste anbieten. Weil alle es tun, disqualifiziert sich derjenige automatisch, der außen vor bleibt – streng nach dem Manager-Grundsatz: »In der Masse stirbt sich´s leichter«. Insofern erinnert TQM weniger an eine Mode als an eine Infektion.

Die Grundannahme der Zertifizierungen nach den diversen ISO-Normen ist es, die Prozesse im Unternehmen nach einem festen Schema organisieren und bewerten zu können. Das Formular erfuhr auf diesem Weg, daß an der Wiedergeburt etwas dran sein muß: Alles, was sich im Unternehmen bewegt, wird dokumentiert. Jeder Ablauf kommt auf den Prüfstand, ob sich denn daran etwas verbessern ließe. Beurteilt wird dann aber keineswegs die Qualität des Ablaufes (wie sollte das auch gehen?), sondern seine vollständige Dokumentation. Wer also fleißig aufschreibt, wie und warum der neue Stempel aus dem Materiallager auf den Schreibtisch gelangt, hat bei den ISO-Prüfern gute Karten.

Mit TQM und ISO beschäftigen sich in Deutschland alle größeren Unternehmen, etwa ab 600 Mitarbeitern aufwärts. Besonders offensiv vertreten wurde Total Quality Management von Opel, Mercedes und Audi. Im Falle der Zertifizierungen nach ISO macht es wenig Sinn, einzelne Protagonisten herauszugreifen. Selbst kleine Dienstleister unterziehen sich in Scharen den ebenso kostspieligen wie zeitaufwendigen Prüfungen. Und weil da gar so wenig dran ist, gehen wir am Ende des Kapitels auch nur recht kurz auf diese neuzeitliche Wiedergeburt bürokratischen Unsinns ein.

Qualität gab's früher nicht

Kunden, so behaupten die TQM-Protagonisten, finden neuerdings die Qualität der angebotenen Produkte und Dienstleistungen irgendwie wichtig. Sie haben ja auch erst seit Erfindung von TQM und ISO die Möglichkeit zu solchen kecken Forderungen. Bevor beispielsweise bei Mercedes-Benz die Devise der totalen Qualität und des Managements derselben durch die Werkshallen schallte, produzierten die schwäbischen Schrauber bekanntlich nur Ausschuß. Man erinnere sich nur an den »kleinen Daimler«, wie er in den 70ern und den frühen 80er Jahren vom Band lief. Die im Werksjargon W123 genannte Kiste klapperte nun wirklich an allen Ecken. Grausam schlecht verarbeitet und als Gebrauchtwagen kaum noch zu verhökern – die ehemaligen Besitzer können ein Lied davon singen....

Spaß beiseite: Wer die erste Serie des Nachfolgers W124 gekauft hat, findet solche Scherze bestimmt nicht lustig. Tatsächlich stellt der gute alte W123 für qualitätsbewußte Traditionalisten nach wie vor den »einzig wahren« Mercedes dar. Das Auto war unverwüstlich und ist es sogar oft noch heute. Es dürfte hierzulande kein ebenso altes Modell irgendeines Herstellers geben, das noch so häufig auf der Straße anzutreffen ist. Wenn es einer schafft, diese wunderbaren Autos aus dem Verkehr zu ziehen, dann ist es Theo Waigel mit seiner Steuerpolitik. Denn es wird einfach zu teuer, diesen Traumwagen zu bewegen.

Na gut, das ist auch richtig so. Der geregelte Katalysator war eben seinerzeit noch nicht fester Bestandteil des Umweltgewissens jedes Dosenbierkäufers. Der alte Mercedes verbrennt zuviel Sprit und pustet zuviel Schadstoffe in die Umgebung, keine Frage. Nur unterscheidet er sich hier nicht von anderen, längst von der Schrottpresse aus unserer Erinnerung getilgten Autos. Daß es nun dem Gegenstand der Heldenverehrung eines jeden Taxifahrers an den Kragen geht, ist nostalgisch gesehen irgendwo bedauerlich, aber schlicht unabwendbar.

Von Kinderkrankheiten und anderen Schönheitsfehlern

Tatsache ist allerdings, daß dieses Fahrzeug ohne Hilfe modischer Managementmaschen das Licht der Welt erblickte und sich dort lange Zeit hielt. Was dann kam, war Murks oder zumindest mit dem behaftet, was in automobilen Kreisen gerne als »Kinderkrankheit« verharmlost wird. Das Nachfolgemodell W124 glänzte zu Beginn mit peinlichen Verarbeitungsmängeln. Umsteiger vom Vorgängermodell lugten irritiert zum Wettbewerb, der offensichtlich auch Brauchbares produzierte.

Zugegebenermaßen hat Daimler-Benz die anfäglichen Probleme

mit dem W124 vielleicht sogar ohne Hilfe von TQM zustande gebracht. Ein paar Jahre später – und da waren schlaue Berater mit ihren schlauen Konzepten bestimmt schon an Bord – kam die neue S-Klasse. Die ließ Designer und Laien mit Sinn für Formen gleichermaßen frösteln, weil nur das fehlende Rohr die Anmutung eines Kampfpanzers unvollständig machte. In Stuttgart ließ man sich freilich von solchen geschmacklichen Detailfragen nicht irritieren. Man strich kurzerhand das Nato-oliv aus der lieferbaren Farbpalette.

Bald nach Auslieferung der ersten Modelle stellte sich heraus, daß in dem teuren Luxus-Tank legal allenfalls magersüchtige Turnerinnen mit Gepäck zu transportieren waren. Schon vier wohlhabende Durchschnittsgermanen nebst Köfferchen brachten das Gesamtgewicht des Gefährts auf einen strafbaren Wert. Offensichtlich hatte niemand bedacht, daß auch in einem Fahrzeug von unzeitgemäß gewaltigen Ausmaßen der Chauffeur gelegentlich Begleiter haben könnte.

Die Reifen waren schuld, deren Gewichtsfreigaben zunächst nicht mit dem angeschraubten Auto harmonierten. Natürlich haben die Untertürkheimer das schnell behoben, bloß peinlich war's denn doch. Wer die Kiste häßlich fand, der lachte herzlich. Wer sie gerade gekauft hatte, murmelte vielleicht ein »Früher hätte es das nicht gegeben« und betrachtete die Werbung des örtlichen BMW-Händlers mit neuen Augen.

Jetzt noch darüber zu lästern, daß die S-Klasse nicht auf Autoreisezüge paßte (oder noch immer nicht paßt?), hieße, dem Flaggschiff (sic!) der Mercedes-Benz AG mehr Beachtung zu schenken, als es verdient. Die Frage, ob der Kunde in Zeiten modernen Qualitätsmanagements bessere Produkte erwarten darf, beantwortet sie allerdings trefflich.

Er darf es nicht. Warum auch? Mit Aktionismus beweist der Hersteller, mit welcher Intensität er rund um die Uhr an seine Kunden denkt, und wen interessiert das überhaupt, nachdem das Auto vom Fließband in die Garage des ahnungslosen Kunden gerollt ist? Da lacht der Vertriebsvorstand, und der Unternehmensberater freut sich auch.

■ ... und was steckt dahinter?

In der Praxis konnte Qualität noch nie durch irgendwelche Programme verordnet werden. Selbst die nun wirklich nicht für einschlägige Nörgeleien bekannte *Wirtschaftswoche* berichtete schon am 12. Juni 1992 unter dem bezeichnenden Titel »Die Mogelpackung« über den Chef eines mittelständischen Automobilzulieferers, der seine Kunden fröhlich abzockte. Den strengen Toleranzvorgaben der Autobauer begegnete er durch gezieltes Zumischen von Ausschuß. Das fiel wohl nicht weiter auf. Und wenn doch, hielt er sich ein Weile akribisch an seinen Vertrag, bis die Kontrolleure wieder Besseres zu tun hatten. Im Bedarfsfall verzögerte er die Lieferung, bis der Empfänger keine Zeit mehr für nähere Untersuchungen hatte. Kein Abnehmer hat die Chance, Lieferungen komplett zu überprüfen. Also bleibt nur das Risiko der Stichprobe. Und wer hier negativ auffällt, bekommt noch lange nicht den Stuhl vor die Tür gestellt. Das Abhängigkeitsverhältnis ist nämlich ein beiderseitiges.

Moderne Fertigungsmethoden und der ihnen vorangehende Einkauf haben auf der einen Seite die Zahl der Zulieferer reduziert. Wer früher die Klappe des Handschuhfachs lieferte, schickt heute das ganze Armaturenbrett samt eingekaufter Instrumente aufs Fließband seines industrielles Abnehmers. Am besten ohne jede teure Lagerhaltung beim Autobauer. Als Komponenten-Lieferant hat der Zulieferer sein eigenes Unternehmen mit einiger Wahrscheinlichkeit noch stärker an den wenigen Kunden ausgerichtet, mitunter ist es nur ein einziger. Maschinenpark, Mitarbeiterqualifikation, Logistik – alles orientiert sich an einigen Lieferverträgen.

Plaste von Mustermann

Ein fiktives Beispiel: Hersteller Mustermann liefert Armaturenbretter an VW für die Typen Polo und Golf. Außerdem kam er durch gnadenlose Kalkulation noch an einen Vertrag mit Mercedes; die neue A-Klasse trägt Plaste von Mustermann. Sollte nun VW die Lieferverträge kündigen, wäre er erledigt. Das Abhängigkeitsverhältnis ist hier offensichtlich.

Und nun das Ganze andersherum. VW ist aufgefallen, daß Mustermanns Plastik mitunter hinter den Anforderungen zurückbleibt. Nach Ermahnung ist zunächst einmal für eine Weile alles in Ordnung. Das Beispiel aus der *Wirtschaftswoche* funktioniert – Mustermann macht's möglich. Später vertraut der Lieferant wieder darauf, daß intensive Qualitätskontrollen viel zu kostspielig wären. Der Zufall will es, Mustermanns Murks fällt wieder auf. Also, raus bei VW und rein in den Konkurs? Mitnichten. Die Umstellung auf einen neuen Lieferanten käme VW teuer, ganz abgesehen davon, daß einschlägige Spezialisten mit ihren Armaturenbrettern nicht an jeder Straßenecke lauern.

Die Abhängigkeit besteht auf beiden Seiten. Und beide Seiten wissen das. In der Praxis darf sich dann die Automobilindustrie aus dem Fenster lehnen, das die Berater geöffnet haben, und allerlei qualitätsphilosophische Geräusche von sich geben. Die Zulieferer hören es wohl, doch ihnen fehlt der Glaube.

Das plakative, weil prominente Beispiel der Automobilindustrie ist problemlos auf andere Branchen übertragbar. Überall wird viel von Qualität geredet – ein Programm jagt das nächste –, und manchmal stellen sich sogar positive Effekte ein. Woher die aber kommen und was denn wäre, wenn interne Energien und externe Beraterhonorare anderweitig eingesetzt würden, kann keiner wissen.

Paßt TQM zum Jobabbau?

Ob sich ein Konzept nun TQM nennt oder sonstwie – der Haken an dem ganzen Qualitätsgerede ist ein grundsätzlicher: es paßt nicht in unsere Zeit. Denn, so ja auch im theoretischen TQM-Konzept enthalten – Qualität wird nur von Mitarbeitern produziert, die sich mit Arbeit und Unternehmen identifizieren und bereit sind, eine Verantwortung zu übernehmen, die über ihre Job Description hinausgeht. Das sind klassische Merkmale eines motivierten Mitarbeiters (siehe Kapitel 2).

Fazit 1: Für Qualitätsverbesserungen werden in der Praxis viel zu oft konkrete Erwartungen an einzelne Unternehmensbereiche formuliert. Das widerspricht der postulierten Eigenverantwortung der

Mitarbeiter und macht einen »philosophischen« Ansatz zum schlichten Plansoll. TQM soll ein bestimmtes Gedankengut langfristig in den Köpfen der Mitarbeiter verankern. Dazu paßt es nicht, wenn immer wieder der schnelle Gewinn in den Vordergrund gestellt wird (siehe Kapitel 18: Shareholder Value). Ganz besonders nicht durch vertrauensbildende Maßnahmen wie beispielsweise Entlassungen.

Fazit 2: Bessere Produktqualität führt nicht automatisch und schon gar nicht auf die Schnelle zu höheren Verkaufszahlen. Weniger Ausschuß und weniger Nachbesserungen führen aber sofort zu höherer Effizienz der eingesetzten Arbeitszeit. Das heißt, daß bei einem funktionierenden TQM weniger Leute den gleichen Output produzieren. Also ist das totale Management der Qualität ein Beitrag zur Massenarbeitslosigkeit? Und daran sollen sich geknechtete Lohnabhängige auch noch beteiligen? Schön dumm wären sie.

Wieso ISO?

ISO-Zertifizierungen, erdacht von der International Organization for Standardisation, gehen weg wie warme Semmeln, und das schon seit Jahren. Sie sind unglaublich gefragt und, wie Reinhard Sprenger im *manager magazin* 8/1995 trefflich bemerkt, »vor allem ein Riesengeschäft«. Die Zahl der mittlerweile zertifizierten Unternehmen aller Größenordnungen geht in die Hunderttausende. Scheinbar ist ISO ebenso Pflicht wie der Doktortitel beim Mediziner.

Qualitätsrelevant sind die ISO-Normen der 9000er-Klasse. Besonders beliebt: Norm ISO 9001. Wer sich mit dieser Zahl schmücken darf, hat dokumentiert, daß sein Qualitätsmanagement qualitätsfähig ist. Die Zuordnung der ISO-Zahlen zu irgendwelchen Kriterien ist eher zufällig und braucht uns nicht weiter zu interessieren. So regelt ISO 10444 die Reportnummerncodes bei der Registrierung von Forschungsberichten, was immer das bedeuten mag.

Der Vergleich mit dem Kürzel Dr. auf dem Praxisschild des Arztes macht noch in anderer Hinsicht Sinn. Frage: »Kann der meinen

Rheumatismus heilen, weil er vor 20 Jahren über Fußpilzerkrankungen bei Eingeborenen am unteren Nil promovierte?« Antwort: Eben. Dr. und ISO sagen über die Befähigung des Leistungserbringers und über die Qualität der nachgefragten Leistung nichts aus. Hauptsache, man hat die Urkunde. Wie und warum, interessieren im nachhinein kaum jemanden. Es kommt gar nicht auf das Ergebnis an, sondern auf die Art und Weise seiner Entstehung. Die wird dann regelmäßig neu begutachtet. »Nachauditierung« nennt das der Fachmann.

Ein besonders dramatisches Beispiel aus der Praxis lieferte die Gesellschaft Public Relations Agenturen e.V., kurz GPRA. In diesem Verein hat man sich Mitte der 90er Jahre den »Bedürfnissen, Ansprüchen und Forderungen des Marktes« (Originalton des Präsidiums) gebeugt und den Mitgliedern ein Qualitätsmanagement-System nach ISO-Norm verordnet.

Die Öffentlichkeitsarbeiter schlucken die Kröte schwer. Wer jemals in einer PR-Agentur gearbeitet hat, kann sich ausmalen, wie heftig der Kampf zwischen dem gewohnten kreativen Chaos und jeder Standardisierungsbemühung toben muß. Da sollen Mitarbeiter ein einheitliches Dokumentationssystem übernehmen, pflegen und selbstverständlich dokumentieren, deren Ablage zuvor aus einer übers Jahr steigenden Anzahl von Schuhkartons bestand.

Hierzu paßt das plakative Beispiel einer ehemals real existierenden PR-Agentur aus dem Rhein/Main-Gebiet. Unter den Kundenberatern stimmte die Mischung aus kreativ veranlagten Chaoten und fleißigen Arbeitern. Ein anerkannt guter Mann, nennen wir ihn Herbert Fels, scherte sich wenig um standardisierte Abläufe. Er benutzte seine eigenen Kürzel. Auf den irgendwann einmal entwickelten Formularen für die formvollendete Beauftragung der hauseigenen Redaktion mit Texten aller Art notierte er für den Redakteur: »Du weißt schon« oder »Schau halt mal«, anstatt eine vorschriftsmäßige Definition des anstehenden Jobs zu formulieren. Die Texter wußten schon und schauten mal, und alle waren zufrieden. Besonders die Kunden. Kollege Fels avancierte schnell zur Nummer eins unter den Kontaktern. Unter der ISO-Knute hätte

Fels ganz gewiß rasch das Weite gesucht. Seine Kollegen auch. Merke: Kreative lehnen Normen und Standards ab.

Von der Wiege bis zur Bahre: Formulare, Formulare

Tatsächlich beinhaltet die Zielsetzung des GPRA-Beschlusses Punkte, die absolut sinnvoll sind – allerdings auch ohne ISO-Getrommel. Dazu zählt die exakte Festlegung der Ablaufprozesse, also die Antwort auf die Frage »Was machen wir eigentlich wie?«. Zuständigkeitsabgrenzungen und -zuweisungen sind ebenfalls eine nützliche Sache. Es ist nie verkehrt, wenn ein Mitarbeiter weiß, was er zu tun hat. Stellenbeschreibung nennt man das, und es gibt Unternehmen, da wird diese gleich mit dem Arbeitsvertrag ausgehändigt.

Einen Punkt, der besonders im Widerspruch zu den althergebrachten Gepflogenheiten des Agenturalltags steht, nennt die GPRA »personenunabhängige Funktionsfähigkeit der Dienstleistungserstellung«. Bezieht man das auf ein einheitliches Ablagesystem oder eine ebensolche Verzeichnisstruktur auf den Computern, dann handelt es sich um eine absolute Pflichtaufgabe. Wenn Müller nicht da ist, muß Maier in der Lage sein, ein Konzept oder einen Kostenvoranschlag zu finden. Eine Agentur, bei der solche Selbstverständlichkeiten nicht funktionieren, sollten sofort ISO-unabhängige Etatkündigungen ereilen.

Jeder Öffentlichkeitsarbeiter stellt sich auf seinen Kunden ein. Das ist ein chemisches Verfahren, das mitunter etwas dauert. Im Idealfall funktioniert dann vieles ohne großen Wortwechsel. Nur »personenunabhängig« kann das naturgemäß niemals sein. Der Maier kann anstelle des Müller ein paar Unterlagen zusammenstellen, im Kontakt zum Kunden wird er ihn aber nicht ersetzen können. Es sei denn, die Agentur besteht nur aus Genies – oder nur aus Nieten.

Public Relations haben etwas mit Kreativität zu tun, mit guten Texten für Broschüren und Presseinformationen, mit kompetenter Beratung zur Darstellung des Kundenunternehmens in der Öffentlichkeit. Und da gibt es immer wieder ein paar freischaffende Künstler, die eben ein chronisch gestörtes Verhältnis zur Ordnung haben. Vielleicht besteht die Kunst nun wirklich darin, die richtige Mischung aus genialen Chaoten und ISO-konformen Arbeitsbienen zu finden? Und kann es sein, daß dies immer schon so war?

Berater machen Kasse

Nicht einmal bei der Namensgebung schimmert der Fortschritt durch das verstaubte ISO-Gebälk. Zertifizierung, Nachauditierung – nachdem im öffentlichen Dienst immer mehr Posten und Pöstchen von Angestellten besetzt werden, hat die Beamtenmentalität eine zweite Heimat gefunden. Allerdings war der Bürokratismus in den Amtsstuben niemals so gewinnbringend.

Mit dem Normierungswahn machen in Deutschland die wenigen zugelassenen Zertifizierer – vulgo: Berater – richtig Kasse. Pro Opfer werden im Schnitt um die 20 000 DM fällig. Dazu gesellen sich die Gebühren für die regelmäßig zu überstehenden Nachprüfungen. Wer die Prüfungen abnimmt, besitzt gewissermaßen die Lizenz zum Drucken von Banknoten. Daß unter anderem die Technischen Überwachungsvereine (TÜV) zu den Zertifizierern gehören, ist sicherlich kein Zufall. Dort kennt man sich mit der kostenpflichtigen Vergabe von Plaketten fragwürdiger Bedeutung eben gut aus.

Über das deutsche Marktvolumen schwanken die Schätzungen erheblich. Als unterste Grenze darf man wohl von rund vier Milliarden Mark ausgehen, wobei nur die ISO-Gebühren aufgerechnet sind. Hinzu kommen – wer hätte das gedacht – die Honorare für Berater, die an der Herstellung der Einheitsfrisuren ordentlich verdienen.

Kritische Unternehmer und Manager haben der Reihe nach kapituliert. »Unsere Kunden verlangen das«, so die ebenfalls bereits standardisierte Begründung.

In Wahrheit war den Unternehmen bei Ausbruch der Epidemie nur daran gelegen, sich mit dem vermeintlichen Siegel vermeintlich geprüfter Qualität vom Wettbewerb abzuheben. Nun stellt sich eher die Frage, welchen Sinn ein Michelin-Stern hätte, wenn jede Würstchenbude ihn bekäme. Bald hat jedes Unternehmen so eine

Urkunde, ernährt immer wieder seine Prüfer und bringt kurz vor dem TÜV-Termin seine Qualitäts-Handbücher auf Vordermann.

ISO² kommt bestimmt

Ganz gewiß kommt aber irgendein internationales Gremium bald auf eine neue Idee, vielleicht auf eine Art »ISO²«. Die neuen Normen bauen auf den alten auf, damit die Prüfer ihren Besitzstand verteidigen und weiter nachprüfen können. Denkbar wäre auch die Vergabe von speziellen ISO-Zertifikaten für den einzelnen Arbeitnehmer. Der Stempel auf der Stirn würde ihn dann bei einer Bewerbung als willig ausweisen, sich im Falle einer Einstellung für die Qualität im Unternehmen einzusetzen. Ein anderes Siegel des MÜV (Mitarbeiter-Überwachungsverein) könnte einen qualitätskonformen Lebenslauf belegen oder auch die besondere Neigung zu standardisierten Verfahren aufgrund völlig fehlender Kreativität und Eigeninitiative. Wie einfach wären dann doch Bewerbungsverfahren! Statt zeitraubender Auswertung von Zeugnissen muß nur die Vollständigkeit der geforderten MÜV-Plaketen geprüft werden.

Schöne neue Welt? Nein, die ISO-Mania ist eine europäische Erkrankung. Wahrscheinlich gibt es amerikanische Unternehmen, die von Lieferanten aus Europa die Zertifizierung verlangen. Bestimmt aber haben die Brüder jenseits des Atlantiks schon gehört, daß in der EU sogar Traktorensitze nach einer europaweiten Norm zu fertigen sind. Und da denkt sich gewiß der Amerikaner, daß ungeachtet der wirtschaftlich Gesamtwetterlage die eine oder andere Schikane nicht schaden kann.

15 Die Rettung des Vorstands

Label (Herkunft):

Business Process Reengineering (Erfinder: Michael Hammer/James Champy, vertrieben durch: CSC Index, The Boston Consulting Group, Roland Berger & Partner); Business Transformation (Gemini Consulting); Process Redesign (Gemini Consulting); Geschäftsprozeßoptimierung (Andersen Consulting, Mercer); Corporate Restructuring (Arthur D. Little)

Als sich die New Yorker Verleger von Harper Collins Publishers 1993 dazu durchrangen, *noch ein* Managementlehrbuch auf den Markt zu bringen, ahnten sie nicht, daß sie damit einen weltweiten Bestseller landen würden. Der Grund: »*Reengineering the Corporation*« von Michael Hammer und James Champy ersparte Millionen verzweifelter Topmanager den schweren Gang zum Aufsichtsrat. Vorerst, jedenfalls.

Die Kernbotschaft von Hammer und Champy ist eigentlich ganz einfach. Sie heißt: »Wenn der Karren im Dreck steckt, schau nach, ob Du ein Rad freischaufeln kannst. Hast Du eins, hol das nächste raus. Dann überprüfst Du, ob die Achsen noch gerade ausgerichtet sind und ob die Lenkung funktioniert.« Weil das allerdings mit einem vollbeladenen Wagen unmöglich ist, empfehlen Hammer/Champy, zuallererst die Ladung vom Wagen zu nehmen. Dazu muß man ein paar kräftige Männer holen (Unternehmensberater), herzhaft in die Hände spucken (Budgets einrichten) und einen Schlachtruf ausstoßen (eine Vision verkünden). Und während die Hilfstruppen dann Stück für Stück den Karren auseinandernehmen und anschließend die Karrosserie neu zusammensetzen, kann sich der Fuhrmann beruhigt eine Pause bewilligen.

Geschäftsprozesse im Visier

Auf die Wirtschaftswelt übertragen, verspricht Reengineering, daß die gründliche Analyse aller betrieblichen Prozesse (= Bestandteile des Karrens) und des Leistungsspektrums (= Zuladung) Schwachstellen und Optimierungspunkte offen erkennbar macht. Jeder einzelne Prozeß muß im Hinblick auf die Steigerung des Kundennutzens genau untersucht und sowohl in sich als auch im Zusammenspiel mit vor- und nachgelagerten Prozessen verbessert werden. Hierbei lassen sich, so Hammer, Champy und Tausende geschäfttüchtiger Jünger, gewaltige Summen einsparen. Vorausgesetzt, man investiert erst einmal und engagiert eine Beratungsgesellschaft. Nach Abschluß des Reengineering, so wird dem Klienten versichert, knirscht kein Sand mehr im Getriebe, läuft der Unternehmensmotor ohne Stottern, kommt er mit weniger Treibstoff und Fahrerstunden aus.

Nach Meinung sparsamer Unternehmer hat die Methode freilich ein paar kleine Schönheitsfehler.

Erstens entlarvt Reengineering schonungslos die Fehler der Unternehmensführung in der Vergangenheit und zwingt zu Kurskorrekturen, das heißt meist Entlassungen. Das, so befürchten besonders Mittelständler zu Recht, ist nicht nur peinlich, sondern beeinträchtigt auch die bisher friedvolle Koexistenz mit dem Betriebsrat und den lokalen Medien. Zur Lösung dieses Problemes bieten sich Unternehmensberater, also auf Zeit engagierte Bösewichter an, deren harter Besen die als überflüssig erkannten Mitarbeiter unter lautstark geflüstertem Protest des Unternehmens hinauskehrt: »Nach gründlicher Analyse der von uns beauftragten Experten und zur weiteren Sicherung der Zukunft unseres Unternehmens kommen wir nicht umhin, einige unserer Funktionsbereiche im Hinblick auf die personelle Ausgestaltung zu optimieren ...«

Parole Frühjahrsputz

Deshalb kommt man *zweitens* beim Reengineering nicht ohne Unternehmensberater aus. Die haben nämlich Routine im Großreinemachen und einen Trupp überaus erfahrener, erfolgsgieriger Junior-Consultants, die sich der mühevollen Aufräumarbeit annehmen. Das kann ein Unternehmen auch deshalb schon gar nicht allein, weil es das Reengineering nicht von der Pike auf gelernt hat. »Ach ja, Sie haben auch Hammer/Champy gelesen?« lächeln Consultants gerne von oben herab. Viel mehr haben die Berater natürlich auch nicht getan, aber aufgrund ihres souveränen Auftretens und der beeindruckenden Vokabeln bezweifelt kein einziger Vorstandschef die Existenz eines streng geheimen und nur der Beraterzunft zugänglichen Ergänzungsbandes: *»Reengineering II. Die Umsetzung in die Praxis.«*

Externe Dienstleister kosten Geld, und daran hängen Unternehmer und angestellte Topmanager bekanntlich sehr. Die Ausgabe mache aber Sinn, soufflieren die Berater voller Verständnis; schließlich könne man von keiner Führungskraft und von keinem Mitarbeiter erwarten, daß dieser sich als Ergebnis einer umfassenden Analyse seines Arbeitsumfeldes selbst entläßt.

Drittens dauert ein Reengineeringprozeß – »Wenn Sie es denn wirklich ernst meinen, Herr Vorstand ...« – durchaus seine Zeit. Ein paar Jahre sind weg wie nichts. Und im Gefolge dessen, siehe zweitens, auch leicht ein paar Millionen.

■ ... und was steckt dahinter?

Unter den zahlreichen modischen Modellen neuzeitlichen Managements nimmt das Business Process Reengineering, für Insider »BPR« oder kurz Reenginering, eine ganz besondere Stellung ein, und das gleich in mehrerlei Hinsicht. Kein anderer Therapievorschlag für verkühlte Unternehmen konnte sich so lange in den Schlagzeilen halten. Keine andere brachte ihren Erfindern – notabene: Unternehmensberater – so viel Geld ein. Keine andere wurde mit ähnlich vollständiger Flächendeckung angewendet. Und: Bei keiner anderen verhallt die Frage nach Inhalt und Nutzwert der Methode derartig unbeantwortet in Hörsälen und Vorstandsetagen.

Tatsächlich wird niemand konkret sagen können, was Reengineering eigentlich ist. Jeder Manager weiß aber, um was es geht: Ums Ganze und damit letztlich um seinen Kopf. Reengineering ist die Ultima ratio der Vorstände, wenn sämtliche Sparmaßnahmen erfolglos geblieben und die Gewinne immer noch in weiter Ferne sind. Wenn die letzte Qualitätsoffensive ohne Echo vom Markt verhallt und die Gemeinkostenschraube bis zum Anschlag festgezogen ist. Wenn der Vorstandsvorsitzende mit Bangen an das Auslaufen seines Vertrages denkt und nicht die geringste Ahnung hat, wie er das Bilanzblättchen wenden soll.

Im Gegensatz zu Führungskräften der Wirtschaft wußten ratlos vor dem angefangenen Aufsatz hockende Achtklässler natürlich schon immer, was Reengineering ist. Sie rissen die zweifelhaften Seiten aus dem Heft, knüllten sie zusammen, warfen sie in die Ecke und fingen von vorne an. Auch im trauten Familienkreis hätten die Herren Vorstände lange vor der Erfindung des Reengineerings auf den Trichter kommen können. Sie hätten beim Gemurre über das tägliche Chaos im Kinderzimmer nur einmal ihren Frauen zuhören sollen: »Mach Dir keine Sorgen, Alfred. Wenn das Chaos erst groß genug ist, räumt Heini schon von allein auf.«

Disqualifikation durch Nichtstun

Nun, wer nicht hören will, muß lesen. Dank ihres unstillbaren Hungers nach eingängigen Etiketten für schwergewichtige Managementmethoden klebten die Medien rasch das Label »Reengineering« auf jede übers Jahr gesundete Bilanz. Während sich immer mehr Manager durch Fehlhandlungen oder auch nur durch bloßes Nichtstun disqualifizierten, wurden die Spitzenmanager »reengineerter« Unternehmen als heilbringende Unternehmenslenker gepriesen. Und ihre Verträge verlängert.

Vom Reengineering hat der eine oder andere auch wirklich profitiert, beispielsweise der Waagenhersteller Mettler-Toledo in Albstadt und der bayrische Automobilzulieferer Webasto.

Allerdings belegen auch diese erfolgreichen Beispiele, daß es die reine Lehre nicht gibt. Beide Unternehmen haben nach eigener Aussage Reengineering betrieben, womit auch schon alle Gemeinsamkeiten genannt wären.

Bei der Mettler-Toledo GmbH blieb im Zuge der Neuorientierung kein Stein auf dem anderen. Sinn der Übung war die Einführung der »*Absatzgesteuerten Produktion*« (ASP), was letztlich bedeutet, daß immer die Waage hergestellt wird, für die es einen Auftrag gibt. Fließfertigung gibt es in Albstadt nicht mehr. Die Monteure suchen sich einen Auftrag aus und schrauben die Waage zusammen. Ein einziger Faktor wurde in den Heiligenstand erhoben, nämlich die Einhaltung von Lieferfristen. Ist jene gewährleistet, interessiert sich die Geschäftsleitung nur am Rande dafür, ob die Mitarbeiter anwesend sind. Selbstverantwortung der Belegschaft wird groß geschrieben. Im Ergebnis präsentiert sich ein von Grund auf umgebautes Unternehmen, das mit eindrucksvollen Zahlen glänzt. Die Durchlaufzeit in der Fertigung beträgt nunmehr fünf Tage – vor dem Umbau waren es einige Wochen. Der Lagerbestand konnte ebenso gesenkt werden wie der Krankenstand: Mettler-Toledo geht es prima.

Über gesundheitliche Probleme konnte auch die Webasto AG nie klagen, was für einen Automobilzulieferer ausgesprochen unüblich ist. Der Hersteller von Schiebedächern, Klimaanlagen und Standheizungen für Pkw und Nutzfahrzeuge definierte Reengineering freilich ganz anders: Kleine Schritte der Veränderung, eine Abteilung nach der anderen, mehr Evolution als Revolution. Teamarbeit in der Produktion, Praxistage fürs Management, Integration von »Best-practice-Verfahren«, Wettbewerb interner Zulieferer mit externen Lieferanten – der Erfolg blieb nicht aus. Signifikante Verbesserungen in Qualität und Produktivität meldete Webasto als Ergebnis des Reengineering nach Art des Hauses.

Was auch immer Reengineering nun sein mag, mitunter scheint es zu wirken. Das gilt für ehedem kranke Unternehmen und auch für gesunde, für die eine oder andere Defintion des Verfahrens und überhaupt. Gut, nennen wir das Reengineering.

Das Problem ist nur: Die anerkannte Notbremsenfunktion des Reengineering macht es auch mutigen Managern schwer, zuzugeben, daß sie über Reengineering nachdenken. Wenn ein angesehenes Unternehmen heute eine Pressekonferenz gibt, vermeiden die Vorsitzenden es tunlichst, den Begriff Reengineering ins Spiel zu bringen – befürchten sie doch, in der Öffentlichkeit als sanierungsbedürftig zu gelten.

Denn allein der Begriff hat etwas Martialisches; er läßt an eiserne Hebel denken und beschwört finstere Fabriken aus der Epoche Dickens' herauf. Dennoch oder vielleicht gerade deshalb hat sich die Chaos-Umkrempel-Methode zu Beginn der 90er Jahre weltweit in den Unternehmen ausgebreitet. Sie ist zur bisher erfolgreichsten Methode der Neueren Betriebswirtschaftlichen Methodengeschichte (NeBeMe) geworden.

»Was tun?« sprach Zeus

Reengineering ist wieder einmal die betriebswirtschaftliche Antwort auf Heinrichs Bölls satirischen Imparativ: »Es muß etwas geschehen!« Die Frage ist nur: was? Da gibt es Beispiele, wo ein Unternehmen praktisch aufgelöst und dann wieder neu zusammengesetzt wurde – sozusagen gedanklich auf der grünen Wiese. »Na klar, das ist eben das Reengineering sämtlicher Prozesse«, nicken die Verfechter der Lehre, und kaum jemand wird widersprechen. Schließlich behaupten Hammer und Champy schon im Untertitel zu ihrem Buch *»Business Reengineering«*, daß sieche Unternehmen nur mit einer Radikalkur zu retten seien. Von der Wurzel aufwärts müssen die Geschäftsprozesse umgestaltet werden, um Kosten und Durchlaufzeiten zu senken und den Kundennutzen nach oben zu treiben. Das soll die Bilanz wieder ins Gleichgewicht bringen.

Weil die meisten Manager das von ihnen geleitete Unternehmen für grundsätzlich gesundungsfähig und folglich Radikalkuren für das Allerletzte halten, begnügen sie sich zumeist mit einem partiellen Reengineering. Ein vergleichsweise unbedeutender einzelner Unternehmensbereich (häufig der, dessen Leiter dem Vorstandschef schon lange ein Dorn im Auge ist) wird herausgegriffen und einer Beratertruppe zu Analyse und Neugestaltung übergeben: »Meine Herren, nun zeigen Sie mal, was Sie können.« Und wenn dann nach eineinhalbjähriger Projektdauer und Kosten in Millionenhöhe als Ergebnis die Ausgliederung des fraglichen Bereiches empfohlen wird, reiben sich nur Laien ungläubig die Augen. Hat doch Oberbuchhalter Kasulzke schon vor

Jahren angeregt, »... den Laden einfach dichtzumachen. Kostet nur und bringt nix ein.«

Die Bleistifte bringen´s

Nun gut, wer Reengineering immer noch für die Auffrischung gebrauchter Computerprogramme hält, mag die Art und Weise, wie akurat angespitzte Bleistifte die vielen Schreibtische im Unternehmen erreichen, für unwichtig halten. Jeder Absolvent eines Junior-Managementprogramms weiß hingegen, daß die Substanz einer Methode gerade an den kleinen Details festgemacht wird. Nicht erst das Business Review, sondern die Bleistifte bringen es an den Tag. Wo seinerzeit in der zentralen Materialbeschaffung teure Mitarbeiter des Unternehmens hoheitlich über Schreibwerkzeug und Büroklammern wachten, geht es heute viel effizienter zu. Ein externer Dienstleister liefert die Stifte akurat an jeden Arbeitsplatz – just in time, total »reengineert« und ausgesprochen »lean«.

Wer nicht vom Fach ist, versteht das auch nicht. Schließlich addieren sich ausgesprochen komplexe Abläufe, bis solch ein Bleistift vom Wareneingang bis in den Mundwinkel des Sachbearbeiters gelangt ist. Das nur scheinbar harmlose Gefülltholz passiert auf seinem Weg unzählige Gefahrenpunkte, an dem sein Wert für das Unternehmen leiden oder gar gegen null gehen könnte. Der die Fachabteilungen beliefernde Bote hat zufällig Bedarf (Abhilfe: strengere Kontrollen). Die Einkaufsleiterin läßt einen Bleistift versehentlich vom Tisch rollen (Abhilfe: Pulte abschaffen). Der für sechs Wochen in den Einkauf abgestellte Azubi nutzt seine Machtposition gnadenlos aus und verehrt seiner Angebeteten einen der für den Vorstand reservierten Stifte mit integriertem Radiergummi (Abhilfe: Lehrlingsausbildung einstellen). Glücklicherweise sind alle Consultants auf derart vernetzte Vorgänge spezialisiert und können die innerbetrieblichen Schnittstellen rasch identifizieren. Die Berater werden folglich einen Großteil ihrer Zeit damit verbringen, jeden einzelnen Schritt des Bleistiftes zu analysieren, ohne daß dieser es merkt und Widerstände verursacht. Denn bekanntlich sträubt sich jeder Bestandteil einer Organisation gegen Veränderungen aller Art. Und diskrete Beobachtungen, das weiß jeder Leser von Detektivromanen, verursachen eben einen höheren Aufwand.

Reengineering ist Knochenchirurgie

Ist nun die Prozeßkette hinreichend durchleuchtet, geht es zur Sache – genau wie in der Knochenchirurgie. Kleinhacken, ein paar Stücke herausnehmen, den Rest neu zusammensetzen und als Bindemittel eine neue Unternehmenskultur obendrauf – fertig ist der optimierte Prozeß. Flink und kostengünstig jagen sie jetzt durch das Unternehmen, die Bleistifte. Unter dem Strich kommen je Stift ein paar Hundertstel Pfennig Ersparnis heraus, was aber nur bei oberflächlicher Betrachtung wenig ist. Wie viele Bleistifte kursieren denn in einem mittleren Unternehmen?! Diese Zahl, hochgerechnet auf den jährlichen Gesamtverbrauch, multipliziert mit der Anzahl der Jahre bis zur nächsten Organisationsreform – das kann leicht an den Wert eines älteren Gebrauchtwagens heranreichen.

Beraterkosten? Lähmumg der gesamten Materialversorgung über Monate hinweg? Zerstörerische Racheakte frustrierter Mitarbeiter an wehrlosem Schreibgerät? Alles kleinliche Einwände beschränkter Nörgler, die den Fortschritt fürchten. Die Revolution gibt's nicht zum Nulltarif, das wußte schon der alte Marx.

... und nun?

Aufgelöste und neu durchgestylte Unternehmen, die teuersten Bleistifte der Welt – was soll das denn nun alles? Wo liegen die Gemeinsamkeiten? Beides ist erfolgreiches Reengineering. Nun lehrt aber die sprachliche Logik, daß ein Begriff, der immer paßt, nicht sehr prägnant sein kann. Im vorliegenden Fall fehlt es nicht nur dem Begriff, sondern auch der Methodik selbst an Tiefenschärfe.

Da ist von der Transformation des Geschäftes auf eine höhere Stufe der Wertschöpfung die Rede, von revolutionären Ansätzen unter Einsatz ebensolcher Informationstechnologien bei gleichzeitig optimiertem Management menschlicher Ressourcen. Kaum eine Phrase kommt so flach daher, daß sie einem Reengineering-Report nicht zur Ehre gereichen könnte. Ganz gleich, was in einem Unternehmen geschieht – unter den Erfolgstitel von Hammer und Champy läßt sich jedes organisatorisches Baumaßnähmchen einreihen.

Ein Lob dem Aktionismus

Und genau dieser Umstand macht den globalen, seit Jahren anhaltenden Erfolg von Reengineering, Business Process Improvement, Process Redesign, Business Transformation, Geschäftsprozeßoptimierung und sonstwie genannten Management-Placebos aus. An dieser Stelle lüften wir eines der bestgehüteten Geheimnisse von Managern und Beratern: *Es kommt überhaupt nicht darauf an, etwas zu verbessern. Es kommt nur darauf an, etwas zu verändern.* Denn Karriere macht nur derjenige, der durch emsiges Hin- und Herschieben unbedeutender Vorgänge Aktivität und Dynamik vortäuscht. Klugerweise wird er sich für den Entdeckungsfall absichern. Am besten, indem er den Vorgang des Hin- und Herschiebens als Teil einer gerade aktuellen Lehre deklariert.

16 Die Ersten werden die Besten sein

Label (Herkunft)

Zeitmanagement, Time-based Management, High-Speed-Management, Tempomanagement (Boston Consulting Group, insbesondere George Stalk jr., und im Nachfeld einige andere Berater)

Zeit ist Geld – mit dieser Erkenntnis im Rücken beschleunigen Schulkinder beim Zeitungsaustragen ihren Schritt. Jeder, wirklich jeder hat den Slogan schon einmal benutzt. Er ist zum Synonym für unsere hochmobile Gesellschaft geworden, in der es zweifellos als chic gilt, ein wenig gehetzt auszusehen.

Wenn der kleine Erwin seine Zeitungen immer erst ein paar Minuten später losschlägt als seine Mitschüler, dann erntet er wahrscheinlich nur spöttische Hänseleien. Wenn aber Erwins Vater die Vorgaben in seinem Produktionsjob nicht einhält, dann wird er über kurz oder lang in die Arbeitslosigkeit entlassen. Wenn ein Unternehmen einen Monat später als der Wettbewerb mit einem innovativen Produkt auf den Markt kommt, dann bleibt es höchstwahrscheinlich darauf sitzen. Zeit ist Geld.

Der Volkswirt weiß: Mit knappen Gütern muß man vernünftig umgehen (engl.: to manage). Das gilt analog auch für die Zeit, und deshalb wurde das Zeitmanagement erfunden. Dieser Terminus ist freilich in höchst unterschiedlichen Zusammenhängen anzutreffen, angefangen bei der Tageszeitplanung mit entsprechenden Hilfsmitteln (vom Taschenkalender bis zum Zwerg-Computer mit Terminwarner) über die Lebenszeitplanung (welcher Karriereschritt folgt wann dem vorhergehenden?) bis hin zur betriebswirtschaftlichen Produktionsplanung. Die Fragen der persönlichen Organisation interessieren uns hier nicht. Wir konzentrieren uns auf das Beratungsprodukt Zeitmanagement.

Zeit ist Geld – auch für Berater

Daß ein so wichtiges Gut wie die Zeit lange ohne den Zusatz ...management auskam, ist auf die Tatsache zurückzuführen, daß Management Consultants normalerweise mit Tageshonoraren bezahlt werden. Doch zu Beginn der 80er Jahre zwang die gewaltige Nachfrage nach ihrer Dienstleistung die Damen und Herren Berater zur Kontingentierung. Die minder wichtigen Klienten wurden nur noch stundenweise bedient; bei den ganz unwichtigen rechneten die Consultants im Minutentakt ab. Heerscharen von Junior Consultants verbrachten fortan ihre Sonntagnachmittage mit der exakten Stundenplanung für die kommende Beratungsperiode und wunderten sich, daß ihre japanischen Kollegen darüber nur feinsinnig lächelten. In Fernost war das Zeitmanagement nämlich schon längst erfunden worden.

Nachdem die japanische Industrie zunächst durch niedrige Löhne bei hoher Produktivität, dann durch schiere Größe bei spezialisierter Produktion und zuletzt, nach einem weiteren Schwenk, durch flexible Fertigungsprinzipien die restliche Welt das Fürchten gelehrt hatte, identifizierte sie den Faktor Zeit als wettbewerbsrelevant. Seit den späten 70er Jahren behandeln Nippons Söhne und Töchter die Zeit genauso, wie sie es mit Lagerorganisation und Kantineneinkauf halten: sie managen sie.

Seitdem sorgt der effizientere Umgang mit der Zeit für fernöstliche Entwicklungs- und Produktionsprozesse – nämlich für besonders kurze. Für die Auswirkungen auf den Märkten der Welt lassen sich zahlreiche Beispiele aufführen. Bei Autos und Motorrädern, Kameras und Unterhaltungselektronik überboten sich japanische Hersteller mit neuen Produkten, während in den Entwicklungsabteilungen Europas und Amerikas noch angestrengt nachgedacht wurde. Nicht der überlegene Ingenieurgeist der Erbauer wuchtete die Hondas und Nikons, die Sonys und Hitachis in den Produkthitparaden nach oben, sondern die schnelle Verfügbarkeit innovativer Technik.

Der Guru des Zeitmanagements

Die Kunde von dem, was da bei Honda, Sony und Konsorten als *der* Wettbewerbsfaktor der Zukunft geoutet wurde, kam mit ein paar Jahren Verzögerung (sic!) der Boston Consulting Group (BCG) zu Ohren. BCG-Consultant George Stalk jr. griff die Idee auf, publizierte fleißig und stieg im Laufe weniger Jahre zum Guru dieses Beratungsansatzes auf.

Gemeinsam mit seinem Kollegen Thomas M. Hout verfaßte Stalk die Bibel der Zeitmanager. *»Competing the time«*, in Deutschland unter dem Titel *»Zeitwettbewerb«* erschienen, ist seither die ultimative Gute-Nacht-Lektüre für zeitinteressierte Manager. Daß auf dem Einband auch der damalige Apple-Chef John Sculley das Werk lobt, darf als gelungener Scherz durchgehen. Bekanntlich schlurften unter Sculleys Führung die einstmals genialen Computerbauer gemächlich in ihre Megakrise. Sculley mußte Hut und Abfindung nehmen. Ob er das Buch wirklich gelesen hat, ist nicht überliefert.

Stalk erschlägt seine Leser mit umfangreichen Darstellungen des Einflusses des Faktors Zeit auf Kunden, Innovation und Geld sowie die Wirtschaft im allgemeinen. Wer mag, kann einem Chart entnehmen, daß ein Hersteller von Eisenbahnrädern fast unter dieselben kam, weil er sich beim Produzieren verschiedener Eisenbahnrädertypen verzettelte. Tatsächlich holt der Autor weit aus, und es kostet eine Menge Zeit, die Kernaussagen des Zeitmanagements herauszulösen.

Bei Stalk lautet das Zauberwort »Zeitwettbewerber«. Zu einem solchen entwickelt sich ein Unternehmen, wenn es verstanden hat, worum es geht, und dann die Kriterien fortschrittlichen Zeitmanagements ins operative Geschäft umsetzt. Damit aber niemand glaubt, die Sache wäre einfach und schnell und ohne Beraterhilfe abzuhandeln, dämpft gleich der erste Satz vorschnelle Erwartungen. »Um Zeitwettbewerber zu werden, bedarf es kontinuierlicher, konzentrierter Anstrengung, und das fällt nicht immer leicht«. Das macht nachdenklich. Muß ein Unternehmen, das schneller werden will, viel Zeit mitbringen? Gilt auch für den sicheren Umgang mit der Zeit »Gut Ding will Weile haben«?

Verschlafene Geistesblitze

Nach Stalk besteht das erfolgshemmende Grundübel vieler Unternehmen in der Zeitspanne, die zwischen Idee und Markteintritt des neuen Produktes vergeht. In Deutschland dauert es im Durchschnitt 15 Monate, bevor der Geistesblitz marktreif im Regal liegt. Das beklagt jedenfalls die Boston Consulting Group. In dieser Zeit müssen die Entwicklungskosten und die sonstigen Fixkosten finanziert werden, ohne daß nur eine müde Mark Erlös ins Haus kommt. Schafft ein anderes Unternehmen die gleiche Aufgabe in 14 Monaten, hat es gewonnen.

Das Zeitmanagement geht davon aus, daß sich im Innovationsprozeß einige große und viele kleine Zeiteinheiten unbemerkt davonmachen. Es geht also darum, den gesamten Prozeß auf solche Ausreißer zu überprüfen und die Entdeckten dauerhaft zu Hausarrest zu verurteilen.

Beratererfahrene Vorstände und Geschäftsführer dürften jetzt nervös werden. Denn keine Vokabel läßt Schlimmeres für die Gewinn- und Verlustrechnung vermuten als das Substantiv »Prozeß« in Verbindung mit dem Verb »überprüfen«. Das riecht förmlich nach Dutzenden von Associates, Junior und Senior Consultants, die sich für einige kostspielige Monate im Betrieb einquartieren.

Und damit haben sie auch recht. Laut BCG müssen nämlich alle Prozesse auf den Prüfstand: Von der Feststellung der Kundenbedürfnisse über Design, Prototyping, Konstruktion und Fertigung bis hin zur Markteinführung.

Der Maßnahmenkatalog

Im Sinne erfolgreichen Zeitmanagements und anschließender Inthronisierung als Zeitwettbewerber sind folgende Maßnahmen gefordert:

- Interdisziplinärer Einfluß auf Forschung und Entwicklung. Wenn Kostenrechner, Marketingleute und Vertriebsprofis zu spät erfahren, was die Eggheads ausbrüten, wird das Ergebnis korrekturbedürftig sein. Das kostet Zeit.

- Praktiker aus der Fertigung sollten schon im Entwicklungsprozeß ihr Wissen einbringen, um Produkte dann möglichst kostengünstig herstellen zu können. Denn stellt sich womöglich heraus, daß ein neues Produkt nicht zu marktfähigen Selbstkosten zu produzieren ist, startet die Maschinerie von vorne. Das kostet auch Zeit.
- Auch die Qualitätsexperten müssen kontinuierlich und von Anfang an Einfluß auf den Entwicklungs- und Fertigungsprozeß nehmen können. Reduziert auf eine Art Produkte-TÜV am Ende des Fließbandes, sind diese Leute zu teuer. Außerdem kosten nachträgliche Reklamationen Zeit.
- Zulieferer und externe Dienstleister müssen frühzeitig darüber informiert werden, was wann und wie benötigt wird. Damit verbunden ist zwar das Risiko, daß die Konkurrenz auch frühzeitig über die Innovation informiert wird. Trotzdem sehen die Berater per Saldo mehr Vorteile in diesem Verfahren, weil die Externen kürzere Anlaufzeiten für die Zulieferung benötigen. Das spart auch Zeit.

In allen Bereichen des Unternehmens lauern weitere schädliche Zeitfallen. Das reicht von langsam weitergereichten Bestellungen aufgrund organisatorischer Schwachstellen und mangelhafter Information der Mitarbeiter über den Sinn flotten Schaffens bis hin zum »Nacheinander« in der Entwicklung und der Produktion, wo ein »Nebeneinander« (die Fachvokabel heißt hier »Simultaneous Engineering«) ebenso möglich wäre. Zeitschlucker stecken auch in einer übertriebenen Meetingkultur, mit der die Mitarbeiter nur von der eigentlichen Arbeit abgehalten werden. Zeit sparen läßt sich durch Just-in-time-Anlieferung von Bauteilen, die dadurch nicht lange im eigenen Lager verweilen. Überhaupt: Warum mit der Rechnungsstellung warten, bis das Produkt beim Kunden angekommen ist?

O ja, die vielen flüchtigen Zeitbrocken können sich hübsch summieren. Boston Consulting glaubt, »in zahlreichen Projekten« festgestellt zu haben, »daß die eigentliche Wertschöpfung eines Prozeßablaufs weniger als zehn Prozent der aufgewendeten Zeit ausmacht. Die restlichen 90 Prozent sind Wartezeit und unnötige Schleifen.«

■ ... und was steckt dahinter?

Zeit ist Geld, das wissen zeitungsaustragende Kids und verantwortungtragende Führungskräfte gleichermaßen. Letztere können die volle Bedeutung dieser Aussage freilich erst dann ermessen, wenn sie sich ganz dem Zeitmanagement verschworen und eine Beraterflotte engagiert haben, für die Zeit auch Geld ist. Die fahnden permanent wie die grauen Herren aus Michael Endes Roman *»Momo«* nach Zeiteinheiten im Unternehmen und spähen konzentriert, ob sich hinter der Euro-Palette nicht etwa ein halbes Stündchen versteckt hält.

Aber, ganz ernsthaft: Wenn in einem Unternehmen tatsächlich 15 Monate ins Land ziehen, bis aus einer Idee ein Produkt geworden ist, dann hat dieser Betrieb jede Menge Berater verdient. 15 Monate sind eindeutig zu lang. Natürlich sind die Japaner, Koreaner, Taiwaner und Chinesen schneller. Das sieht man übrigens schon daran, wie flink sie ihren Reis verdrücken. 15 Monate reichen dem Pottwal fast zur kompletten Produktion des Nachwuchses, inklusive sämtlicher Prozeßbestandteile. 15 Monate Zeit bekommt heute kein Topmanager mehr für einen Turnaround zugestanden. Die Bilanz muß nach einem halben Jahr gewendet sein, andernfalls wird der Vorstand gewendet. Aber zack, zack. Eines lassen die Unternehmensberater allerdings gerne unter den Tisch fallen, nämlich die Ermittlung der 15monatigen Schnarchzeit. Die Aussagekraft dieses Wertes entspricht in etwa derjenigen einer Durchschnittstemperatur vom 15. Dezember 1996, ermittelt aus Messungen in Kapstadt, Neapel und Murmansk: rechnerisch möglicherweise korrekt, vom Inhalt her entbehrlich.

Die Entdeckung der Langsamkeit

Durchschnittlich 15 Monate – das bedeutet beim einen Unternehmen 14 Tage, bei einem anderen drei Jahre, bei einem dritten irgend etwas anderes. Am Swatch-Mobil haben schwäbisch/schweizerische Truppen viele Jahre gebastelt, während technisch weniger komplexe Güter eben schneller fertig sind. Sind es aber bei der Messung ein paar Jahre später nur noch mittlere 14 Monate, dann nennt man das Fortschritt, oder? Vielleicht sind zwischenzeitlich aufwendig arbeitende Industrien, zum Beispiel der Schiffbau, vor die Hunde gegangen. Vielleicht wurden sie nach Fernost verlagert und gehen in die dortige Statistik ein. Vielleicht hat auch nur eine andere Unternehmensberatung andere Durchschnittswerte veröffentlicht.

Selbst für den internationalen Vergleich taugt der Durchschnitt nicht. Er könnte ja nur dann Sinn machen, wenn nationale Industrien identischen Zuschnitts betrachtet würden. Wo gibt es die schon? Selbst unter den Industrieländern, die auch in der Wohlstandshitparade auf den vorderen Plätzen stehen, gibt es erhebliche Unterschiede in den wirtschaftlichen Strukturen. Allein schon die Bedeutung des Automobilbaus ist extrem verschieden, und der arbeitet bekanntlich mit langen Entwicklungszeiten. Hierzulande ist er ein bedeutender Wirtschaftsfaktor; in den skandinavischen Ländern nur partiell, nämlich in Schweden; in den Vereinigten Staaten ist er wieder sehr wichtig; in der Schweiz interessiert er niemanden. Andere Branchen sind in den genannten Ländern von ebenso unterschiedlichem Stellenwert.

Daß es in einem Unternehmen mehr Sinn macht, einen Vorgang zügiger zu bearbeiten als im Zeitlupentempo, ist hingegen unbestritten. Wenn ein Kunde drei Tage auf seine Bestellung warten muß, nicht etwa drei Wochen, dann macht ihm das Freude. Braucht sein Lieferant immer drei Wochen, ein anderer aber nur drei Tage, dann wird er die nächste Bestellung beim schnelleren Anbieter tätigen. Wenn das Kundenunternehmen nicht die offensichtlich zu lange Lieferzeit bestraft, dann spielen die beiden Chefs zusammen Golf. Oder es gibt andere Gründe, den Lieferanten nicht zu wechseln. Vielleicht kennt man ihn schon ewig und kann im Bedarfsfall mit besonderer Behandlung bei Zahlungszielen, Kulanz und Service rechnen.

Einkaufsverhalten der besonderen Art

Solche Faktoren spielen im Verhalten gerade kleiner und mittelständischer Unternehmen eine nicht zu unterschätzende Rolle.

Manchmal liefern auch die Großen ein Beispiel für Einkaufsverhalten der besonderen Art. Wenn VW unterschrieben hat, bei General Motors für zwei Milliarden Dollar Teile zu kaufen, dann bestimmt nicht deshalb, weil die so schön schnell liefern. Der Deal kam wohl eher zustande, weil Señor Lopez die falschen Unterlagen just in time nach Wolfsburg...? Nein, der VW-Chef hat flink Señor Lopez eingestellt, weil der die Lieferanten zur Eile antreibt, aber die Sache ging GM viel zu schnell, und außerdem sah der Passat ruck, zuck aus wie der Vectra...? Auch nicht, na gut. Jedenfalls werden die Beziehungen zwischen allen möglichen Unternehmen von allen möglichen Faktoren beeinflußt. Wie mit der Zeit umgegangen wird, ist *ein* solcher Faktor.

Ungeachtet der Frage, wer mit wem Golf spielt, wer wen verklagt und warum, wer welche Beziehung zwischen Unternehmen für besonders wichtig hält, ist jedes Produkt und jede Dienstleistung das Ergebnis interdisziplinärer Tätigkeit. Ob direkt produktiv oder in der Administration, ob am Reißbrett, am Band oder in der Kantine – alle Mitarbeiter tragen letztlich zum Funktionieren des Ganzen bei.

Natürlich hält sich der Einfluß des Pförtners, der für die Limousine des Entwicklungschefs die Schranke hebt, in Grenzen. Aber auch bei isolierter Betrachtung relevanter Unternehmensbereiche ist doch die Forderung nach funktionsübergreifender Zusammenarbeit selbstverständlich.

Wo, bitte, sitzen von der Welt abgeschiedene Schlaumeier in hermetisch abgeschlossenen Elfenbeintürmen und verpulvern Millionen für die Entwicklung von Produkten, die niemand bezahlen kann, die nichts taugen und die ohnehin niemand braucht? Natürlich sind es die Marktstrategen, die beim Verbraucher die Lust auf Staubsauger orten, mit denen auch flüssiger Unrat zu beseitigen ist. Natürlich sind es Vertriebsexperten, die den Entwicklern sagen, daß ein solches Gerät keine 3 000 Mark kosten darf. Natürlich findet diese Definition der Aufgabe statt, bevor ein in jeder Beziehung untauglicher Prototyp das Entwicklerlabor verlassen könnte.

Grenzen der Interdisziplinarität

Daß die interdisziplinäre Besetzung freilich ihre Grenzen hat, liegt auf der Hand. Vertriebsleute sollen im wesentlichen Produkte vertreiben, die Werbetexter haben dem Absatz auf die Sprünge zu helfen und nicht in den Entwicklungsabteilungen herumzulungern. Ansonsten gäbe es keine produzierenden Unternehmen, sondern nur jede Menge Debattierclubs.

In wirtschaftlich gebildeten Kreisen nennt man dieses Prinzip griffig »Arbeitsteilung«. Jene führt »zu größerer Produktivität und ist die Grundlage für wirtschaftlichen Wohlstand« (nachzulesen bei Professor Dr. Artur Woll, »*Wirtschaftslexikon*«, Seite 42 ff. Wir bemühten die vierte Auflage von 1990. Just in diesem Jahr erschien auch Stalks »*Zeitwettbewerb*«. Das aber ist nur reiner Zufall.)

Die Behauptung, daß die eigentliche Wertschöpfung eines Prozeßablaufs weniger als zehn Prozent der aufgewendeten Zeit ausmache, die restlichen 90 Prozent dagegen aus Wartezeit und unnötige Schleifen bestünden, stammt aus einer vierteiligen Abhandlung. Sie wurde im Sommer 1994 vom *Blick durch die Wirtschaft* veröffentlicht, Autor: BCG-Partner Hans Seifert. Chefzeitmanager Stalk (BCG in USA) dagegen wird in der Fachliteratur mit der interessanten Spanne von 0,05 bis 5 Prozent eigentlich wertschöpfendem Zeitanteil zitiert. Die Angaben differieren also um den satten Faktor 200.

Davon abgesehen, daß nicht direkt wertschöpfende Tätigkeiten absolut notwendig sind, um beispielsweise einen Fernseher entwickeln, produzieren, testen, verpacken und ausliefern zu können, zeigt uns die Einigkeit der Berater zweierlei: Es ist alles nicht so einfach, und die Dinge sind vielschichtig, geradezu komplex, wenn nicht sogar undurchsichtig.

Wer Zeitmanagement ernst nimmt, wird dadurch innovativer, kundenorientierter und sogar kostengünstiger. Das ist wunderbar. Wer aber noch nicht so weit ist, schafft es vielleicht später. Denn zum Ende seines Werkes läßt sich Stalk noch zu einer gewagten Prognose hinreißen: »Schon heute läßt sich voraussagen, daß Unternehmen, die den Wettbewerb nicht scheuen, hervorragend gedeihen werden.«

Also, immer daran denken: Die Ersten werden die Besten sein, wer schneller läuft, ist später tot (alte Gazellenweisheit), und wer zu spät kommt, den bestrafen die Japaner.

17 Ab durch die Mitte

Label (Herkunft):

Globalisierung; Global Management (Boston Consulting Group, McKinsey & Co., Arthur D. Little und andere);

Viele Unternehmen der Erde haben sich schon längst über die politischen Grenzen ihrer Ursprungsmärkte hinweggesetzt. Für Exxon, Hitachi, Royal Dutch/Shell, IBM, General Motors, Alcatel, Philips, Elf Aquitaine, ABB, Volkswagen, Unilever und zahlreiche andere Konzerne gibt es nur noch den Globus als Heimatmarkt. Sie haben Tochtergesellschaften im benachbarten oder entfernten Ausland gegründet und Beteiligungen erworben. Manche erwägen gegenwärtig den Sprung auf einen anderen Kontinent, andere bewegen sich bereits aktiv auf den Märkten der Triade Europa, Nordamerika, Südostasien, und wieder andere erzielen heute schon im Ausland den überwiegenden Teil ihres Umsatzes.

Im Jahr 1960 erwirtschafteten multinationale Unternehmen gerade neun Prozent des Welt-Bruttosozialproduktes. Dreißig Jahre später waren es schon 25 Prozent, und bis zum Jahr 2000 werden die Global Player fast ein Drittel aller Güter und Dienstleistungen auf der Erde produzieren. Der Vormarsch der Weltkonzerne ist nicht mehr aufzuhalten. Rund 37 000 länderübergreifende Muttergesellschaften mit mehr als 200 000 Tochterunternehmen listet die internationale Statistik auf, und täglich kommen neue Riesen hinzu.

Nie zuvor standen die geopolitischen Zeichen für die weltweite Ausweitung des Business so günstig wie heute. Der Ost-West-Konflikt ist Historie. Totalitäre Systeme sind gestürzt, zentralistisch gesteuerte Volkswirtschaften passé. In den jungen Demokratien werden marktwirtschaftliche Strukturen geschaffen. Der technologische Fortschritt eröffnet kaum vorstellbare virtuelle Welten. Das weltumspannende Internet hat Eingang in die Konzerne gefunden; firmeneigene Datennetze verbinden die Niederlassungen rund um den Globus; der elektronische Datenaustausch macht Informationen in Sekundenbruchteilen jedermann im Unternehmen zugänglich. Viele international tätige Konzerne haben ihre Reisekosten mittlerweile minimiert: die Mitarbeiter »treffen« sich mittels Videotechnik in einer virtuellen Konferenz und tauschen sich rund um die Uhr im Cyberspace aus.

Gigantische Absatzmärkte entwickeln sich. In atemberaubender Geschwindigkeit formen sich rund um den Erdball neue Märkte, neue Nachfrager, neue Anbieter. Kurz: Going global, schallt es aus der Fanfare, und da will natürlich keiner zu Hause bleiben.

Wohin soll die Reise gehen?

Die erste Frage lautet dabei: Wohin soll die Reise gehen? Von Karlsruhe aus ins Elsaß aufzubrechen ist noch lange keine Globalisierung. Auch die kleine Vertriebstochter in Amsterdam wird von richtigen Globalisierern bestenfalls spöttisch belächelt. Nein, ein, besser noch zwei Weltmeere sollten die Schaltzentrale schon von den Leistungsträgern im Ausland trennen. Wie wäre es zum Beispiel mit den Osterinseln? Weit genug weg, ein sicheres politisches Umfeld, keine Gewerkschaften, geringe Steuern, keine Verpflichtung zur Einstellung von Behinderten, geringe Heizkosten ..., allerdings auch nur wenig qualifizierte Arbeitskräfte, hohe Klimatisierungskosten, geringe einheimische Kaufkraft, hohe Transaktions- und Reisekosten ..., nun gut, das war nur ein Scherz. Globalisierungsstrategen kennen selbstverständlich nur eine Antwort, nämlich die mit besten Profitchancen: Go east, young boy! Bis zum Jahr 2000 wird das Bruttosozialprodukt der asiatischen Tiger Hongkong, Südkorea, Singapur und Taiwan, Malaysia, China, Thailand, Indonesien und Vietnam um 1400 Milliarden Dollar wachsen. Damit machen die Tiger sogar Japan Konkurrenz.

Und was tut man nun als weitsichtiger Unternehmenslenker, um sich den Zugang zu den künftigen Wachstumsmärkten zu sichern? Ganz einfach: Man ist schon da. Die erfolgreichsten Unternehmen haben längst ihre Fühler nach Asien ausgestreckt, produzieren bereits dort und vertreiben ihre Produkte mit einer nationalen Mannschaft.

Mit der Globalisierung wachsen die Gefahren und Risiken. Für die globalisierenden Firmen. Aber daneben eröffnen sich auch neue Chancen. Auf alle Fälle für ihre Scouts, die Globalisierungsberater.

Globale Globalisierungsberatung

Keine internationale Consultancy weist den Auftrag eines Klienten nach Globalisierungsberatung heute ab. Wer mit eigenen Büros in New York, Tokyo, Sidney, Frankfurt und Jakarta vertreten ist oder sich mit dort ansässigen Partner-Consultants verbrüdert hat, weiß schließlich, wovon er spricht. Und da kann er doch der Jetset GmbH mit Rat (viel) und Tat (na ja) beiseite stehen, oder etwa nicht? Unternehmensberater wissen schließlich alles. Vor allem, wie es ein Unternehmen am geschicktesten anstellt, zum Global Player zu werden.

Die folgende aussagekräftige Textpassage könnte doch glatt aus der Globalisierungsbroschüre einer Beratungsgesellschaft stammen:

»Globalisierung verheißt gleichermaßen mehr Zwang und mehr Freiheit, mehr Vielfalt und mehr Komplexität. Denn Globalisierung bringt eine zusätzliche Dimension in die Organisation, deren Potential nur mit einem überlegenen Konzept ausgeschöpft werden kann. Die Schlüsselfrage lautet: Wie kann die durch Globalisierung zwangsläufig angestiegene Komplexität in der Organisation sinnvoll zurückgeführt werden?«

Natürlich setzt erfolgreiche Globalisierung zunächst das Stellen der richtigen Fragen voraus. Bloß: Wie heißen die? Globalisierung kann man nicht an der Management School studieren. Es gibt keine Lehrbücher, keine Standards, keine Rezepte, keine Lösungen aus der Schublade. Jedes Globalisierungskonzept muß unternehmensspezifisch geplant und durchgeführt werden. Und das ist mindestens so aufwendig wie ein Komplett-Reengineering mit Wertmanagementgarnitur.

Den einen schüttelt's, der andere verdient

Jetzt könnten die Werbetexter der Globalisierungsberater natürlich noch eins draufsetzen und die Angst der Manager vor den eigenen Schritten noch weiter schüren:

»Wer sich mit Globalisierungsgedanken trägt oder bereits den Weg dorthin eingeschlagen hat, kennt die Schwierigkeiten. Vieles, was in der Planung vorhersehbar schien, gestaltet sich in der Praxis völlig anders. Vieles, was eher zufällig und situationsabhängig scheint, folgt einem feststehenden Muster. Nur seit Jahren international erfolgreiche Unternehmen sind imstande, die Muster zu erkennen und die richtigen Schlußfolgerungen zu ziehen. Denn bei der Globalisierung zählt nur eines: Erfahrung.«

Und die haben international tätige Unternehmensberatungsgesellschaften. Aber selbstverständlich.

■ ... und was steckt dahinter?

Das Thema Globalisierung ist alles andere, nur nicht neu. Streng genommen, ist es beinahe so alt wie die Menschheit. Zu allen Zeiten strebten kämpferische Menschen nach neuen Siedlungsgebieten, strategisch denkende Unternehmer nach neuen Märkten. Allein die Aufbruchmotive haben sich gewandelt: vormals aus Lust am Abenteuer und der Hoffnung auf Gewinn – heute aus purer Notwendigkeit.

Wenn ein Unternehmen anderswo erheblich günstiger produzieren kann, oder wenn es sich auf einem fremden Markt bessere Absatzchancen für im Land selbst hergestellte und vertriebene Produkte ausrechnet, oder wenn irgendwelche anderen betriebswirtschaftlichen Argumente für eine Niederlassung in Wo-auch-immer sprechen, dann sollte es das gefälligst auch tun. Dann sollte es diesen Schritt sehr gut vorbereiten, vernünftig planen und sauber durchführen. Wenn das Unternehmen klug geführt wird, kann es das ganz allein. Notfalls könnte man sich innerhalb der Branche vorsichtig umhören, wer welche Erfahrungen gesammelt hat. Wenn das Unternehmen aber nicht klug geführt wird oder sein

Management sich den Job nicht allein zutraut, sollte es sowieso die Finger davon lassen. (Das gilt im übrigen für alle unternehmerischen Maßnahmen.) In diesen Fällen vergrößern die externen Berater höchstens noch das Chaos.

Globalisierung gilt gerade auch deshalb hierzulande als hochbrisantes Thema, weil bisher nur wenige deutsche Unternehmen in die Riege der Global Player aufgestiegen sind. Wer bereits in China produziert, kann den Nesthockern zu Hause eine lange Nase machen. Selbst wer schon vor Jahren gemeinsam mit Branchenkollegen in Thule und Anchorage eine »Federation for Research and Icing Experiences on Rollers« (FRIER) ins Leben gerufen hat, kann internationalen Krisen locker ins Auge sehen und lacht sich eins. Aber der ahnungslose Hebebühnenhersteller aus dem Schwäbischen (70 Millionen DM Jahresumsatz), der noch gar nicht begriffen hat, daß ihm morgen schon die Konkurrenz aus Malaysia auf den Leib rücken könnte, der ist nach Ansicht vieler Berater rettungslos verloren. Wer heute nicht globalisiert, verliert im Weltwirtschaftsspiel. Selbst Hebebühnenhersteller aus dem Schwäbischen. Mit 70 Millionen DM Jahresumsatz. Gerade die sogar, warnen die Berater ...

... und raten dem malaysischen Hebebühnenhersteller (über ihre Niederlassung in Kuala Lumpur), doch schleunigst eine Filiale im Schwäbischen zu gründen.

18 Alle Mann auf Kassakurs

Label (Herkunft):

Shareholder Value, Shareholder Value Based Management, Value Based Management (McKinsey, Stern Stewart); Total Value Management (Alfred Rappaport), Wertmanagement (The Boston Consulting Group); Stakeholder-Value-Konzept

Tausende von Wirtschaftsbüchern gelangen alljährlich auf den nordamerikanischen Buchmarkt. Nur ein Bruchteil dessen verkauft sich mehr als 10000 Mal und wird zu einem Bestseller. Von dem 1986 erschienenen Buch »*Creating Shareholder Value*« von Alfred Rappaport wurden aber sogar mehr als 50000 Exemplare verkauft. Die Millionen anderer Aktionäre (Shareholder), die es nicht kauften, lasen und hörten in den Medien davon. Dieses Buch löste beachtliche Diskussionen aus.

Tatsächlich: Kaum eine andere Manager-Vokabel hat in jüngster Zeit so vieles bewegt wie Shareholder Value. Um dieses Modewort ranken sich einige konzeptionelle Ansätze, die – ob sie nun Shareholder Value-Ansatz, Wertmanagement oder Total Value Management heißen – einander recht ähnlich sind. Wörtlich übersetzt heißt Shareholder Value »Aktionärswert«. Der Begriff konzentriert die unterschiedlichen Positionen von Investoren und Managern auf eine einzige Meßgröße für den Unternehmenserfolg: die Aktienrendite. Nur diese Kennzahl spiegele den Wertzuwachs eines Unternehmens umfassend und präzise wider und führe dem Anleger den Unterschied zwischen rentablen und unrentablen Geschäften deutlich vor Augen, behaupten die Protagonisten des Konzeptes. Die Investitionen müßten die Kapitalkosten decken und in die besten Verwendungsmöglichkeiten gelenkt werden. Oder, wie es Rappaport seinen Anhängern empfiehlt: »Wenn neue Investitionen nicht eine Performance versprechen, die über dem Aktienindex liegt, dann schütte die Mittel an die Aktionäre aus.«

Wenn man es ganz richtig machen will, darf man nicht nur die

Aktionäre bei diesem Ansatz berücksichtigen, sondern auch alle anderen Interessenten, die wie auch immer mit dem Unternehmen verbandelt sind. Zu diesen Stakeholdern gehören die Manager, die Arbeitnehmer, die Banken, die Gesellschafter und – ein lustiges Konstrukt – das Unternehmen selbst. Deshalb heißt das Shareholder-Value-Konzept in der umfänglicheren Großpackung auch Stakeholder-Value-Konzept. Es ist auch vermutlich dreimal so teuer.

Erstklassiges Timing

Das Timing dieses Beratungsansatzes war erstklassig gewählt. Immer mehr Unternehmen wagen den Sprung an die Börse, denn jedes Unternehmen braucht Risikokapital. Doch kein Anleger wird sein Kapital langfristig ohne die begründete Hoffnung auf eine angemessene Rendite anderen überlassen. Das beweist schon der Boom bei den Investmentberatungen. Nicht mehr das kurzfristige Return-on-Investment, sondern die langfristige Kapitalanlage interessierte denjenigen, der etwas anzulegen hatte.

In den Vereinigten Staaten begünstigte noch ein anderes Phänomen den Durchbruch des Shareholder-Value-Konzeptes. Das war die verbreitete Angst vor der feindlichen Übernahme durch einen Corporate Raider oder Shark, vor menschlichen Haien, die Unternehmen erwarben und anschließend zerfledderten. Die nämlich durchpflügten die amerikanische Firmenlandschaft nach schlecht geführten Unternehmen mit einem hohen Substanzwert. Und der Aktienkurs mußte niedrig sein. Auf dem Papier waren diese Unternehmen also nicht viel wert. Doch wenn der Substanzwert über dem Börsenkurs lag, war der entscheidende Zugriffsmoment für die Haie gekommen. Sie kauften die unterbewerteten Papiere auf Pump und finanzierten später den Kaufpreis durch Weiterverkauf von Einzelteilen wie Immobilien und Tochtergesellschaften. (Etwas ähnliches vermuteten manche Beobachter bei der Krupp-Attacke auf den Stahlkonkurrenten Thyssen im März 1997). Die Überschüsse beim Verkauf blieben die Beute der Raider. Ist aber das Verhältnis von Markt- zu Buchwert der Aktien positiv, so die Hoffnung der verzagten Manager, dann verlieren die Raider den Anreiz, überhaupt eine feindliche Übernahme zu wagen. Und deshalb muß der Aktienkurs rauf – koste es, was es wolle.

In Amerika überzeugte diese Logik selbst die Rechtsprechung. Eine amerikanische Aktionärsgruppe zog nach der Übernahme von Technicolor vor Gericht und behauptete, der Preis habe unter dem Wert der Aktien gelegen. Rappaport kam in seinem Gutachten zu der Überzeugung, daß der Kaufpreis angemessen gewesen sei. Er hatte das Unternehmen nach der Shareholder-Value-Methode bewertet. Die Richter akzeptierten die Expertise und wiesen die Klage ab.

Nicht kleckern, sondern klotzen

Dieses Konzept ist ebenso komplex wie kompliziert. Das wissen wir und behaupten: Die wenigsten Führungskräfte haben es jemals vollständig begriffen. Für sie deshalb noch einmal mit anderen Worten: Total Value Management fordert die Manager dazu auf, den Marktwert des Eigenkapitals zu erhöhen. Das gesamte »Zielsystem« des Unternehmens solle auf die Schaffung von Wert für die Anteilseigner ausgerichtet werden, eifern Unternehmensberater.

Was das in praxi heißt? »Nun«, erklärt der Consultant, dem es merkwürdigerweise nie gelingt, ein Beratungskonzept zu verkaufen, »als erstes kündigen wir das neue Denken mit einer wirkungsvollen Kommunikationsstrategie an. Eine geschmackvolle Broschüre für die Aktionäre, vielleicht auch ein Video? Eine Sonderausgabe der Firmenzeitung für die Mitarbeiter, Informationen an die Presse und so weiter, Sie wissen schon. Das Übliche halt. Dann steigen wir richtig ein. Das Finanzsystem, also die komplette Buchhaltung, muß gründlich überarbeitet werden. Eine am Wert orientierte Systematik und ein kleines Kennzahlensystem müssen auch her. Meine Leute machen das schon. Dann sollte die neue Wert-Philosophie in den Köpfen der Führungskräfte verankert werden, und das geht am besten durch ein konsequent am Wert orientiertes, leistungsgerechtes Anreiz- und Vergütungssystem. Zum Schluß wird ihre gesamte Belegschaft auf den Unternehmenswert eingeschworen – sicher, bis runter zum Pförtner, Konsequenz ist das A & O beim Wertmanagement, glauben Sie mir – also ein paar Wochen intensives Training – wir übernehmen das natürlich gerne für Sie – dürften reichen.«

Ein Königreich für eine Antwort

Der Aufwand geht leicht in die Millionen. Ein kleines Königreich für eine Antwort. »Wertmanagement«, so versichert nämlich die Boston Consulting Group, »liefert die Antwort auf die einfache Frage: Wie kann das Unternehmen sicherstellen, daß es den maximal möglichen Wertzuwachs hervorbringt?«

Ja, wie denn?

Hören wir, was Thomas Lewis von der Boston Consulting Group dazu sagt: »Wertmanagement schließt zwei Achsen unternehmerischen Handelns ein: die Achse von Vision und Strategie einerseits, die Achse von Wertmanagement andererseits. Doch die Zielfunktion beider Achsen ist die gleiche: das Gesamtportfolio des Unternehmens in wachstumsträchtige Bereiche umzuschichten.«

Ach was.

Geht es vielleicht ein bißchen konkreter?

Thomas Lewis: »Gute Manager müssen sowohl die Unternehmer- als auch die Investorensicht im Auge behalten. Es gibt einen Fluchtpunkt, in dem diese beiden Perspektiven zusammenlaufen: die Aktienrendite. Sie ist der einzige ganzheitliche Maßstab für die Wertschaffung.«

Aktienrendite – das klingt griffig, das versteht man, das ist schlecht. Konzepte, die dem Gegenüber sofort einleuchten, lassen sich nicht verkaufen. Komplizierte Methoden, deren Hintergrund nicht bei einem Business Lunch erklärt werden können, laufen besser. Vor dem Hintergrund dieser Beraterweisheit entwickelte sich ein sportlicher Wettbewerb unter den Consultants um die einzig wahre Meßgröße zur Berechnung des Shareholder Values.
Gegenwärtig im Angebot sind:

- der *Discounted Cash-flow* (Rappaport, McKinsey). Dabei wird der Unternehmenswert für die Eigentümer anhand von diskontierten, zukünftigen Zahlungsüberschüssen ermittelt;

- der *Cash-flow-Return-on-Investment, kurz: CFROI* (Boston Consulting Group). Der CFROI ist ein interner Zinsfuß für bestehende Geschäfte, gemeint sind Tätigkeitsfelder oder Unternehmenseinheiten. Nur solche Geschäfte, deren CFROI die Kapitalkosten übersteigt, werden gefördert;
- der *Economic Value Added* (Stern Stewart) dient der Leistungsmessung des Managements. Es ergibt sich aus dem Betriebsergebnis nach Steuern abzüglich Kapitalentgelt.

Von hinten durch die Brust ins Auge

Alle Verfahren zielen erklärtermaßen darauf ab, Vermögensverschwendung zu erschweren. Da sie aber zunächst für teures Geld eingeführt werden müssen, führen sie ihren Vorsatz durch die Hintertür ad absurdum.

In vielen amerikanischen Unternehmen ist die Shareholder-Value-Methode heute gang und gäbe. Kaum ein Unternehmen kann es sich leisten, die Aktionäre zu übergehen. In den Vereinigten Staaten ist zudem der Druck des Kapitalmarktes sehr stark. So kann etwa der amerikanische Pensionsfonds Calpers, der die Renten für die öffentlichen Bediensteten in Kalifornien verwaltet und jedes Jahr die schlechtesten Aktien aus seinem Portefeuille ausmustert, diese Firmenmanager gezielt unter Druck setzen. Wenn sie nicht mit einer überzeugenden Strategie zur Steigerung des Marktwerts aufwarten können, droht Calpers, mit dieser Schmach an die Öffentlichkeit zu gehen. Es scheint hervorragend zu funktionieren: Die meisten Manager haben Angst, ihren Job zu verlieren.

Und genau darauf setzen die Berater.

■ ... und was steckt dahinter?

Das Shareholder-Value-Konzept mag einen gewissen Sinn haben. Aber eines ist es nicht: neu. Die moderne Betriebwirtschaft kennt den Ansatz bereits seit den 60er Jahren. Und das Prinzip selbst ist jahrtausendealt. Schon im alten Orient betätigten sich vermögende Zeitgenossen als Darlehensgeber. Sie verlangten, klar, einen Zins für den Verleih des Geldes. Auch den Griechen war das Prinzip geläufig: Privatbankiers nahmen Einlagen an und vergaben die Einlagen als Kredite an Dritte. Dafür wollten sie natürlich eine Rendite sehen, und zwar eine möglichst hohe. Daß dieser uralte Gedanke in den 80er Jahren dieses Jahrhundert noch einmal vom Himmel fiel, euphorisch aufgegriffen und debattiert wurde, ist ein hochgradig erstaunliches Phänomen.

Andererseits: Es wurde auch hinreißend vermarktet!

Bereits von der Sache her weist Total Value Management alle Merkmale eines erstklassigen Beratungsproduktes auf. Schließlich werden der Kundschaft gleich mehrere frohe Botschaften vermittelt. Die Konzentration auf den Shareholder Value

- schützt den Vorstand vor feindlichen Übernahmen (und damit vor dem Verlust seines Jobs)
- sichert dem Topmanagement das Wohlwollen seines Aufsichtsrates und seiner Aktionäre (und wird mit kräftigen Tantiemen honoriert)
- beweist, daß der Vorstandschef, managementtechnisch betrachtet, absolut à jour ist (das deutet auf eine Vertragsverlängerung hin)
- liefert der Führungsriege ein prima Alibi für die Aufgabe nichtwertschaffender Unternehmensbereiche (und bemäntelt das Faktum, daß dort jahrelang Verluste eingefahren wurden)
- eignet sich bestens als Entschuldigung des Arbeitsdirektors für abgelehnte Betriebsratsforderungen (und erlaubt so Everybody's Darling, sich vor einem klaren »Nein!« zu drücken)
- sollte stets mit einem neuen Anreiz- und Vergütungssystem für die Leitenden verknüpft werden (selbstverständlich im Sinne von mehr Anreize, mehr Vergütung) und
- birgt die einmalige Chance, daß anläßlich der (komplexen) Implementierung des Konzeptes ein paar überzählige Leichen aus dem Keller geschafft werden können.

Herz, was willst du mehr?

Jede Menge Extensions

Gleich mehrere clevere Gesellschaften entwickelten das Total Value Management gewinn- und prestigeträchtig weiter. Neben dem bereits erwähnten Alfred Rappaport betätigte sich ganze Reihe Consultants als Buchautoren. Denn das Beratungsprodukt ist selbst für den Normal-Betriebswirt nicht auf Anhieb verständlich und daher außerordentlich erklärungsbedürftig. Zum Ausgleich begünstigte diese Tatsache die Berichterstattung in den Wirtschaftsmedien.

Zudem verschaffte sich die Consulting-Szene noch reichlich selbstgemachte Publicity. Vor allem aufgrund der unterschiedlichen Berechnungsmethoden des Shareholder Value entstanden regelrechte Schulen, die einander erbittert bekämpfen.

Immer mehr Unternehmen überlegten mitten in den kritischen 90er Jahren, wie sie nach dieser Methode eine Wertsteigerung betreiben können. Daimler-Chef Jürgen Schrempp wurde nachgesagt, in jedem zweiten Satz das Schlagwort »Shareholder Value« im Munde zu führen. Daraus schlossen manche Analysten nur auf Lippenbekenntnisse. Shareholder Value wurde zum Wahn, zum Kult, zur Manie. Für die Unternehmenslenker deutscher Konzerne schien es kein anderes Gesprächsthema mehr zu geben. Bis die Belegschaften und die Öffentlichkeit eines Tages empört reagierten. Sie verstanden die neue Managementmode nämlich als plumpen Versuch, auf ihre Kosten ungehemmte Profitgier auszuleben.

Schlank macht reich

Besonders in Verbindung mit dem zeitgleich propagierten Reengineering (siehe Kapitel 15) hatte die neue Konzentration auf den Unternehmenswert fatale Folgen. Viele Manager dachten sich die Ablauf so: Verschlanken, Abbau der Belegschaft, Steigerung der Produktivität und – schon saust der Börsenkurs nach oben. Jack Welsh, Chef von General Electric, hatte es doch vorgemacht. Das Vorbild vieler smarter Manager verschlankte sein Unternehmen, indem er fast die Hälfte der Mitarbeiter binnen 15 Jahren entsorgte. Und der Börsenkurs stieg immer weiter nach oben.

Sensibel sprechen manche Berater seitdem nur noch von Unternehmenswertsteigerung. Manchmal heißt es auch Value Based Strategic Management – kurz VaBaStraM. Doch ist das auch nur ein neuer Name für das immer gleiche Verfahren: Steigere die Gewinne, und du steigerst den Börsenwert. Wie steigert ein Unternehmen die Gewinne? Indem die Lohnkosten reduziert werden. Also: Wirf den Ballast, sprich Arbeitnehmer, die das Unternehmensboot voranbringen, also die Ruderer, über Bord, engagiere zwei neue Trommler, und laß den Rest der Mannschaft schneller rudern. Hurra, Ziel erreicht. Die Börse klatscht Beifall. Was, der Aktienkurs ist im Keller? Sofort den Trommler wegen erwiesener Unfähigkeit entlassen. Dafür werden drei neue Trommler engagiert. Und so weiter.

Doch die schärfste Kritik am Börsenwertwahn kommt – natürlich – schon wieder aus den USA. Der New Yorker Ratingexperte Edward Emmer spricht aus, was viele Arbeitnehmer befürchten: »Es haben sich bereits die unmöglichsten Exzesse ereignet. Vieles, was da getan wird, ist verantwortungslos.« So manches Unternehmen sei bei der gnadenlosen Orientierung am Shareholder Value in den Bankrott getrieben worden. Und Stephen Roach, Chefökonom der New Yorker Investmentbank Morgan Stanley und in den 80er Jahren noch Befürworter des schlanken Unternehmens, sieht heute eine allgemeine Magersucht der Konzerne voraus. Er befürchtet, daß zu viel weggeschnitten wird, »nicht nur vom Fett, sondern zunehmend auch von den Muskeln« (Roach).

Doch dagegen können die ökonomischen Hausärzte der Manager gewiß etwas tun. Muskelstärkende Rezepturen gehören zu ihren Spezialitäten. Und sollte die Medizin wider Erwarten nicht anschlagen, dann wird eben amputiert. Und weg ist der Schmerz.

19 ... und raus bist Du!

Label (Herkunft):

Outsourcing; Facility Management (EDS 1962); Co-Sourcing (EDS 1993)

»Outsourcing« – das Kunstwort kombiniert die Begriffe »outside« und »resourcing« – bezeichnet die beliebte Strategie, externe Dienstleister mit Aufgaben zu betrauen, die zuvor im eigenen Unternehmen erfüllt wurden. Statt eigene Ressourcen für betriebliche Nebenfunktionen, zum Beispiel den Betrieb des Rechenzentrums oder des Fuhrparks, einzusetzen, kauft man diese Leistungen auf dem Markt ein.

Die Vorteile des Fremdbezuges sind Kosteneinsparungen und die Nutzung fremden Know-hows: Wenn der Dienstleister den Computer betreibt, muß er ihn auch bezahlen und wird das teure Gerät höchstwahrscheinlich richtig einzusetzen wissen. Wenn der Dienstleister das Personal rantreibt, dann muß er es bezahlen, und er wird die Leute richtig einzusetzen wissen. Macht er das nicht, ist das *sein* Problem. Dieses Prinzip gilt für jede Branche und für jede »outgesourcte« betriebliche Funktion.

Zur Darstellung der Vorgehensweise und den verschiedenen Outsourcing-Formen eignet sich die Informationstechnologie (IT) besonders gut. Hier haben sich Nachfrage und Angebot prächtig entwickelt. Das liegt zum einen an der Eigenart der IT, ausgesprochen schnellebig zu sein. Neue Hard- und Software, immer viel besser als die Vorgänger-Produkte und für den sofortigen Einsatz bestimmt, drängen mit hohem Tempo auf den Markt. En vogue zu sein kommt teuer. Zum anderen ist die IT ein beliebter Kandidat für die Auslagerung, weil sie problemlos unabhängig vom Kerngeschäft des Unternehmens betrachtet werden kann. Eine Lohnabrechnung für 2000 Mitarbeiter bleibt immer eine solche, ob der Betrieb nun Radios baut oder Bananen verkauft.

To know Know-how

Das Argument, auf fremdes, weil gut entwickeltes Know-how zurückzugreifen, trifft beim IT-Outsourcing natürlich auch auf offene Ohren. Spezialisierte Dienstleister sind eher in der Lage, die Ausbildung ihrer Mitarbeiter dem Entwicklungstempo der IT anzugleichen, technische Innovationen auf ihre Tauglichkeit zu prüfen und ihre Aufgaben mit den besten erreichbaren Methoden zu lösen.

Hierzulande wurde Outsourcing erst mit Beginn der 90er Jahre zu einem ebenso vieldiskutierten wie stark nachgefragten Angebot. Seither freuen sich besonders die IT-Dienstleister über ihre Auftragsbücher. Das Konzept ist aber schon viel älter. Es beruht auf dem, was von Electronic Data Systems (EDS) 1962 unter dem Label Facilities Management eingeführt wurde. Die amerikanische Company, heute noch eine ganz große im Outsourcing-Geschäft, meinte damit die Übernahme von Dienstleistungen in der Datenverarbeitung.

Ethnologisch betrachtet gehört Outsourcing zur Gattung der Unternehmensdiäten. Wer einen Unternehmensbereich gänzlich auslagert, macht sich auf einen Schlag ein gutes Stück schlanker. Dementsprechend profitierte das Outsourcing-Geschäft von allen einschlägigen Trends und Methoden: Konzentration auf das Kerngeschäft, Lean Management (siehe Kapitel 8) usw.

Wir unterschieden drei grundsätzliche Formen des Outsourcing, die Dr. Hartmut Horchler (»*Outsourcing*«, Köln 1996, Seite 16ff.) optimistisch als Partnerschaften charakterisiert. Er gliedert den Markt in Inhouse-, Dienstleistungs- und Kooperationspartnerschaften.

Wir verkaufen unser Mutter ihr klein Tochter

Inhouse-Outsourcing klingt zunächst widersprüchlich. Es bezeichnet das von Konzernen oft praktizierte Verfahren, eine betriebliche Funktion zu verselbständigen. Technische Einrichtungen und Mitarbeiter werden in ein neu gegründetes Unternehmen eingebracht, wovon sich die Eigentümer in der Regel effizientere Abläufe sowie steuerliche und haftungsrechtliche Vorteile versprechen. Der Unterschied zu einem Profit Center liegt in der juristischen Selbständigkeit der Neugründung.

Dienstleistungspartnerschaften entstehen durch Outsourcing von Leistungen an Fremdunternehmen. Dies ist die häufigste Form der Auslagerung (Horchler ermittelte in seiner Untersuchnung einen Wert von 57 Prozent). Theoretisch stellt der Dienstleister technische Infrastruktur und Mitarbeiter, in der Praxis übernimmt er oft beides ganz oder teilweise vom Auftraggeber. Das Vertragsverhältnis zwischen den Partnern ist grundsätzlich langfristig angelegt.

Kooperationspartnerschaften stellen eine Mischung der beiden anderen Formen dar. Sie liegen beispielsweise dann vor, wenn sich der Auftraggeber an einem Dienstleister beteiligt oder mit ihm zusammen ein neues Unternehmen gründet, um ihm anschließend betriebliche Funktionen zu übertragen.

■ ... und was steckt dahinter?

Zunächst einmal das uralte Prinzip der Arbeitsteilung. Wer Fertigeintöpfe herstellt, kann die Möhren dafür selber ziehen – er muß es aber nicht. Jedes Unternehmen bezieht Dienstleistungen und/oder Produkte von anderen Unternehmen. Man nennt das Einkauf.

Na gut, das war unfair. In den Angeboten der diensteifrigen Externen heißt es ja nicht: »Sie bauen Kettensägen? Das erledigen wir jetzt für Sie« oder: »Nutzen Sie unser Know-how in der Schweinemast«. Es geht um die Auslagerung von Funktionen abseits vom Kerngeschäft. Das allerdings leidet an den durchaus unterschiedlichen Definitionen. Kerngeschäft, was ist das?

Wer die allgegenwärtige Lean-Begeisterung verfolgt hat, kann zu dem Schluß gelangen, daß es ein Kerngeschäft im Sinne von »Das sollten wir selbst machen« für Protagonisten der reinen Lehre (oder besser »Leere«) nicht gibt. Ab dafür und weg damit, die Geschäftsführung hat nur noch die Aufgabe, externe Dienstleister zu koordinieren.

Darf's ein MIPS'chen mehr sein?

Zum Kostenargument: Natürlich bezahlt das Unternehmen als Auftraggeber den Computer oder anderes Equipment und ebenso die Mitarbeiter. Es bezahlt sie nur anders, nämlich in vertraglich festgelegten Häppchen, in Dateneinheiten, englisch: MIPS (Million Instructions per Second), die in der Regel monatlich verteilt werden. Das macht die Sache planbar. Ob es unter dem Strich auch billiger kommt, ist damit noch lange nicht gesagt.

Das oft gebrauchte Argument pro Outsourcing, durch verringerte Komplexität teuren Ballast abwerfen zu können, greift nämlich nicht immer. Je weitgehender die Auslagerung betrieben wird, desto größer wird der Aufwand für Koordination und Kommunikation. Und im Ernstfall streitet man sich mit einem Fremdunternehmen, das natürlich seine eigenen Ziele verfolgt. Ob das Verhältnis einst »Partnerschaft« getauft wurde oder nicht, spielt dann keine Rolle mehr.

Je größer der Kostendruck, desto problematischer kann sich die Zusammenarbeit mit den Externen gestalten. Denn die müssen ihre Kosten ebenso mißtrauisch beäugen und finanzielle Zugeständnisse an Auftraggeber irgendwie ausgleichen. Der Forderung des Kunden: »Die Leistung X muß billiger werden« begegnet man dann gerne mit dem Hinweis: »Okay. Dann machen wir bei Y ein bißchen weniger«. Vielleicht verzichtet der Dienstleister auch auf den Hinweis und schreitet gleich zur Reduzierung. Lange Verhandlungen, Reibereien zur Auslegung vertraglicher Vereinbarungen, Nachbesserungen derselben – das kostet Nerven, Zeit und Geld.

Arzt, im Nebenjob Bestatter

Gerade bei IT-Dienstleistern sollten die verheißenen kostensenkenden Potentiale hinterfragt werden. Auf diesem Markt tummeln sich bekanntlich Anbieter, die sowohl die Beratung über den sinnvollen Umfang und die Ausgestaltung des Outsourcing übernehmen, als auch die Dienstleistung selbst. Man stelle sich vor, der TÜV hätte eigene Werkstätten, die die Defekte am Auto nach Verweigerung der neuen Plakette sogleich kostenpflichtig beheben. Daß die Zahl der festgestellten Mängel steigen würde, steht wohl außer Frage.

Ein williges Unternehmen trägt die Kosten für die Beratung, dann das vertraglich festgelegte Sümmchen für die extern erbrachte Dienstleistung und den Aufwand für organisatorische Änderungen zur Bereitstellung einer funktionierenden Schnittstelle zum Dienstleister. Ob das alles soviel billiger kommt?

Vielleicht hilft grübelnden Kostenrechnern die Erkenntnis, daß sie gute Chancen haben, für ihr gutes Geld ein gutes Stück Abhängigkeit gleich mitgeliefert zu bekommen. Outsourcing ist nämlich immer eine langfristige Sache. Und wer zehn Jahre lang seine IT nicht selbst betrieben hat, der wird wohl dabei bleiben. Zumal sein Dienstleister in den Jahren viele Erkenntnisse übers Kundengeschäft gewonnen hat, von denen nicht unbedingt der nächste Outsourcing-Kunde, womöglich ein Wettbewerber, profitieren sollte. Natürlich steht in den Verträgen etwas von absoluter Geheimhaltung oder dergleichen. Natürlich glauben wir fest an die strikte Einhaltung solcher Vereinbarungen.

Auch unter qualitativen Gesichtspunkten kann der Fremdbezug nach hinten losgehen. Die Kunden eines Unternehmens interessieren sich nicht dafür, ob in einem Produkt zugelieferte Bauteile enthalten sind oder das Unternehmen administrative Funktionen ausgelagert hat. Die Kaffeemaschine streikt nämlich in Gänze, und da steht beispielsweise Krups darauf, obwohl oft gar nicht Krups darin ist. Wen anders aber als den ausgewiesenen Hersteller soll der Kunde verantwortlich machen?

Stihl hat Stil

Es gibt Unternehmer mit einem gutem Ruf, die das erkannt haben und deshalb bei der Verringerung ihres funktionalen Tiefgangs Vorsicht walten lassen. Dazu gehört beispielsweise Hans Peter Stihl, mit seiner Unternehmensgruppe weltweit führend bei den bereits erwähnten Kettensägen. Im Gegensatz zu anderen Herstellern fertigt er die Schneidgarnitur (vulgo: Kette) seiner Sägen selbst. Er macht das deshalb, weil seine Konstrukteure in Motoren und Schneidgarnituren funktionale Einheiten sehen, die aufeinander abgestimmt werden. Vorteile bei Lebenserwartung und anhaltender Schärfe seien die Folge. Der Waiblinger Unternehmer, auch als Funktionär im Arbeitgeberlager eine feste Größe, muß es wissen, erfreuen sich seine Holzkiller doch bei Rodungsaktionen in aller Welt allergrößter Wertschätzung.

Gegenwind bekam die Strategie auch aus einer gänzlich unerwarteten Richtung. Die Unternehmensberatung Wieselhuber & Partner hatte laut einem Bericht der *Wirtschaftswoche* (Nr. 37/1992, Seite 54) ermittelt, daß nicht weniger als ein Viertel aller Industrieunternehmen mit dem Gedanken schwanger gingen, ihre Fertigungstiefe sogar zu erhöhen. Sie seien besorgt, für Umweltsünden ihrer Lieferanten von Vorprodukten letztlich verantwortlich gemacht zu werden. Diesbezüglich kritische Komponenten wollten sie doch lieber selbst herstellen.

Wir wagen einmal eine These, die in der Fachwelt bislang noch nicht vertreten wurde. Die Begeisterung für Outsourcing als Ergebnis des kollektiven Schlankheitswahns der Unternehmen steht in engem Zusammenhang mit dem unrühmlichen Ende der DDR. Die Probleme vieler Industrieunternehmen jenseits der Elbe, nach dem Dreh zur Marktwirtschaft zu überleben, lagen unter anderem in ihrer Gewohnheit, alles selbst zu machen. Wer in Rostock Schiffsmotoren baute, schraubte sie mit Gewindebolzen und Muttern zusammen, die aus eigener Fabrikation kamen. Spezialisierte Zulieferer im Lande gab es nicht, Devisen für qualitativ befriedigende Importware rückten die Ost-Berliner Planungsstrategen nicht heraus.

Rausch der Fertigungstiefe

Das machte alles nicht viel aus. Das Motorenwerk verkaufte weltweit zu Niedrigpreisen und bekam die eingenommene Hartwährung gegen Ost-Mark eingetauscht. Davon gab es genug, um den Rausch der Fertigungstiefe zu bezahlen. Mit der Einführung der West-Mark erledigten sich die monetären Tauschgeschäfte von einem Tag auf den anderen. Selbst der Mensch mit dem Rasenmäher, zuständig für die Pflege der Außenanlagen, war aber nach wie vor fest angestellt und wollte in neuer Währung bezahlt werden.

Die Unternehmen der alten Bundesländer haben sich das seinerzeit sehr genau angesehen. Standen sie doch mit der Brieftasche in der Hand in Lauerstellung, um kleine Filetstücke günstig zu übernehmen und ab und an aufkeimenden Wettbewerb rechtzeitig zu unterbinden. Bestimmt haben sie sich dabei eine hartnäckige Allergie gegen do-it-yourself geholt, an der sie heute noch leiden.

20 Gab's da nicht noch wen?

Label (Herkunft):

Kundenorientierung, Key-Account-Management (alle Beratungsgesellschaften); Discovery (The Boston Consulting Group); Clienting (Edgar K. Geffroy); Beziehungsmanagement (Kienbaum & Partner).

Von David Bonelli, ex-CEO und Präsident des früheren amerikanischen Computerherstellers M/A/I Basic Four, wird berichtet, daß er jedes Managementmeeting mit derselben Beschwörungsformel eröffnete: »There is nothing more important but our customer«. Denn gegen Mitte der 80er Jahre wurde auch die erfolgverwöhnte Computerbranche mit der Erkenntnis konfrontiert, daß der Kampf um die Kunden härter geworden war.

Das hatte, drei Jahrzehnte zuvor, schon die Konsumgüterindustrie gemerkt. Mit dem Ende der kriegsbedingten Warenknappheit verwandelten sich die Verkäufermärkte in Käufermärkte. Nun mußte man etwas tun, um neue Kunden zu gewinnen und alte bei der Stange zu halten. Der Begriff »Marketing« wurde erfunden und der Kunde auf den Thron gehoben.

Kunden lassen sich grundsätzlich in zwei Klassen unterteilen: in die wichtigen Kunden – auch Groß- oder Schlüsselkunden genannt – und in die nicht ganz so wichtigen Kunden. Bei vielen Unternehmen folgt die Aufteilung der 20/80 Regel: Mit 20 Prozent der Kunden werden 80 Prozent der Umsätze erzielt. Und auf diese wichtigen 20 Prozent der Kunden hatte es das Key-Account-Management, zuweilen auch »Large Account Management« genannt, abgesehen. Es bezeichnet eine Organisationsform des Vertriebs, die den Schlüsselkunden besondere Vorrechte und ein höheres Maß an Zuwendung seitens des Lieferanten zugesteht. So wurden aus langjährigen Außendienstmitarbeitern mit guten persönlichen Drähten zu bestimmten Kunden über Nacht Key-Account-Manager, ohne daß der Firmenchef eine Mark dazubezahlen mußte.

Heute ist Key-Account-Management längst Alltag, und Key-Account-Manager finden sich in Unternehmen aller Größenordnungen, vom Milliardenkonzern bis zum mittelständischen Hebebühnenhersteller.

Ist der Kunde König?

Die anhaltende Wirtschaftskrise beweist freilich aufs eindrucksvollste, daß es mit der Einrichtung von Kästchen im Organisations-Chart nicht getan ist. Die Kunden machen auf breiter Front mobil und pochen doch tatsächlich auf eine besondere Behandlung.

»Der Kunde ist König« – dieser Satz ist ebenso alt wie gelogen. Na gut, manchmal stimmt er schon. Da denken wir an den freundlichen Krämer von nebenan, der mit den Worten »Für Sie mache ich doch alles« die schweren Einkaufstüten zum Auto trägt. Auch für den Schneidermeister ist sein Kunde König, wenn er ihn beim Maßnehmen ob seiner Figur lobt. Krämer und Schneider haben, volkswirtschaftlich betrachtet, vieles gemeinsam, vor allem eines: Ihre Umsätze sind, gemessen an dem der Konzerne, nicht mehr als Quantités négligeables.

Häufiger treffen wir doch auf Verkäufer, die schon eine halbe Stunde vor Ladenschluß jeden Kunden als störend empfinden und das auch deutlich zeigen. Normalerweise, also zu anderen Tageszeiten, sind diese Menschen ganz verständig, sie hassen ihre Kunden nicht direkt. Sie hegen ihnen gegenüber eine eher neutrale Emotion. Gleichgültigkeit dürfte das treffende Substantiv sein.

Das »Was-scheren-mich-unsere-Kunden-Syndrom« ist überall anzutreffen, längst nicht nur im Verkauf. Hier fällt es nur besonders auf. Landstrichweise sind ganze Unternehmen davon befallen. Wer das nicht glaubt, sollte einmal ein defektes Billig-Notebook beim Computer-Discounter abgeben und den mit einiger Wahrscheinlichkeit folgenden Leidensweg protokollieren. Wenn die Reparatur drei Wochen dauert und in etwa die Hälfte des Neupreises verschlingt, dann ist die Sache noch gut ausgegangen.

Kundenorientierung ist eine Philosophie

Kundenorientierung als Grundphilosophie eines Unternehmens ist uneingeschränkt zu befürworten. Das entdeckten in den frühen 90er Jahren immer mehr Betriebe. Verkäufermärkte gibt es nun einmal nicht mehr, einmal abgesehen von Dienstleistungen durch die öffentliche Verwaltung. Der täte ein wenig mehr Kundenorientierung gut. Aber das ist ein anderes Thema.

Der Kunde hat folglich die Wahl zwischen verschiedenen Anbietern, und er entscheidet sich für den, der ihm die beste Leistung bietet. Beste Leistung: das ist das zufriedenstellende Zusammenspiel von guter Qualität, interessantem Preis und zuvorkommendem Service. Dies gilt natürlich nicht nur für den Endverbraucher. Als Kunden sind ebenso Abnehmer im Business-to-Business zu verstehen. Das sind die wichtigsten Kunden überhaupt, denn die finanzieren indirekt die Gehälter ihrer Lieferantenvorstände.

Als das die Unternehmensberater begriffen hatten, waren sie flugs mit dabei.

Der Grundsatz »Kundenorientierung« liefert die Basis für einige hübsche Managementkonzepte, die sich trefflich an ratlose Konzernlenker verkaufen lassen. Die Berater freuen sich über die anhaltende Sonderkonjunktur. Fast alle führen inzwischen die Nachhilfe in Sachen Kundenorientierung im Programm. Zur besseren Abgrenzung zu den Produkten der Mitbewerber haben einige ihren einschlägigen Diensten einen wohlklingenden Namen gegeben. Der läßt sich obendrein auch noch als Warenzeichen schützen.

Prominenteste Inhaber von Eigengewächsen zur Kundenorientierung sind die Boston Consulting Group (BCG) und der Düsseldorfer Berater Edgar K. Geffroy. Während BCG ihr Konzept »Discovery« genannt hat, spricht Geffroy von »Clienting«.

Discovery bedeutet Entdeckung, laut den Erfindern auch »intelligente Kundenerforschung«. Der Ansatz geht davon aus, daß sich die Beziehungen zum Kunden im beiderseitigen Interesse vertiefen lassen, wenn es gelingt, die Kenntnisse über dessen Geschäft auf allen Ebenen auszubauen. Welche Strategien und Visionen hat mein Kunde? Unter welchen Marktbedingungen operiert er? Wie gut kenne ich meine Position bei meinem Kunden? Wie wichtig bin ich für ihn?

Wichtig sind die Stammkunden

Der Schwerpunkt des Konzeptes liegt eindeutig auf Erhaltung und Ausbau des Geschäfts mit vorhandenen Kunden. Dem wird nämlich nach Ansicht der Consultants oft viel zu wenig Beachtung geschenkt. Das Ziel eines Unternehmens müsse es sein, die leere und inflationär häufig verwendete Floskel von der Partnerschaft mit dem Kunden lebendig zu machen. Eine möglichst enge Verzahnung der beiden Geschäftssysteme eröffne beispielsweise die Chance, neue Potentiale der Zusammenarbeit zu entdecken und vorhandenes Geschäft auszubauen. Gemeinsame Marktforschung, gemischte Teams in verschiedenen Bereichen des operativen Geschäftes und Offenheit in der Informationspolitik helfen, den Kunden besser zu verstehen. Das intensiviere die gegenseitigen Bindungen und schaffe ein freundliches Bestellklima.

Aus dieser Verzahnung der Geschäftssysteme, letztlich der Kern des Discovery-Ansatzes, sollen eine ganze Reihe positiver Veränderungen auf die Beziehung zwischen Lieferant und Kunde einwirken:

- Innovation und Wachstum
- Gemeinsame Nutzung von Ressourcen
- Kürzere Kommunikationswege
- Viele langfristig angelegte Bindungen
- Entwicklung einer Vision zur Festigung der weiteren Beziehung.

In der Theorie klingt Discovery sehr sinnvoll. Die Frage ist nur: Kann das auch in der Praxis funktionieren? Lassen sich Unternehmen von einem Lieferanten so tief in die Karten schauen? Welches Interesse könnte ein Manager daran haben, Preisverhandlungen mit einem Lieferanten zu führen, der ebensoviel über die geschäftliche Situation seines Kunden weiß wie dieser? Und warum in aller Welt sollte ein Zulieferer selbst seinen besten Kunden bereitwillig in die Hauptbücher schauen lassen? Damit der etwa schwarz auf weiß nachlesen kann, daß die Konkurrenz 4,5 Prozent mehr Umsatzrabatt bekommt?

Liebe BCGler: Wie oft habt Ihr Discovery denn verkauft??

Klientenarbeit auf allen Kanälen

Hat da gerade jemand von Verkaufen gesprochen? Bei diesem Begriff stellen sich Edgar K. Geffroy nämlich sofort die Ohren auf. Der Düsseldorfer Berater ist vom Fach, verkauft er doch seit vielen Jahren seine Ratschläge zum erfolgreichen Verkaufen höchst erfolgreich. Vorträge, Seminare, Bücher, Management auf Zeit – Geffroy bearbeitet seine Klientel auf allen Kanälen.

Im Grundsatz ist er sich mit der Boston Consulting Group einig. Sein Ansatz hat ebenfalls eine Vernetzung zwischen Verkäufer und Kunden zum Ziel. »Clienting« nennt er das. Die Hauptaufgabe der Unternehmen sei es, »ihre Kunden zu identifizieren, zu personifizieren, zu charakterisieren und zu motivieren«.

Aus dem anonymen Lieferanten von Produkten will Geffroys Clienting eine Art Freund fürs Leben machen, der seinem Kunden aktiv und in allen Lebenslagen zur Seite steht. Die Zutaten dieses Rezeptes scheint der Zielgruppe zu gefallen, denn Geffroys Buch »*Clienting*« steht vor der zehnten Auflage. Aus dem Werk allein aber die Essenz seiner Botschaft zu saugen, fällt manchem schwer, denn es ist offensichtlich für Leute geschrieben, die normalerweise nicht lesen. Deshalb bietet der Berater auch Seminare und Gelegenheiten zum persönlichen Gespräch an.

Obwohl Geffroy vor Weisheiten der Marke »Wer an Erfolg glaubt, wird auch Erfolg haben« keineswegs zurückschreckt, stekken in Clienting eine ganze Menge Wahrheiten:

- Verkauf und Marketing im traditionellen Stil sind out.
- Kundenbindung durch Beziehungsaufbau ist in.
- Flexibilität und Tempo im Denken werden immer wichtiger.
- Der Faktor »Mensch« entscheidet über Kundenbeziehungen.
- Moderne Informationssysteme sind auch hier unverzichtbar.

Jede Aussage muß sofort ein »Ja!« erzeugen, alles klingt plakativ, und genau das ist es auch. Clienting ist ein populär bis populistisch aufgemachtes Sammelsurium, das dem Vorstandsvorsitzenden gefallen will, dem Zeitschriftenwerber aber auch. Es bietet konkrete Ratschläge, allerlei Tips von der Verkäuferfront (»Sprechen Sie das Unterbewußtsein des Kunden an!«) und die immer wieder gern verbreiteten Folgerungen aus sogenannten Megatrends: »Die Bevölkerung wird immer älter. Was schenken Sie den Eltern Ihrer wichtigen Kunden zum Geburtstag?«

■ ... und was steckt dahinter?

Bedingungslose Kundenorientierung ist in wirtschaftlich rosigen und erst recht in problematischen Zeiten eine unternehmerische Pflichtübung. Empfohlen wurde sie schon immer, und es gab schon immer Unternehmen, die diesen Rat beherzigten. Und die anderen? Sind die erst nach 1994 aus dem Koma erwacht? Brauchten die wirklich den Unternehmensberater mit feinen Antennen für Managementtrends, um zu erkennen, daß sie Kunden haben?

Es gibt nichts Neues unter der Sonne. Alle Beratungsprodukte laufen letztlich auf die Wiederbelebung der alten Formel »Der Kunde ist König« hinaus. Deren Umsetzung in den betrieblichen Alltag litt und leidet sicherlich nicht an der geistigen Armut von Managern und Mitarbeitern. Wer darüber nachdenkt, wird zwangsläufig zu der Erkenntnis gelangen, daß es ohne Kunden keinen Gehaltsscheck gibt. Daraus resultiert die sichere Annahme, daß zufriedene Kunden den Erhalt weiterer Schecks wahrscheinlicher machen.

Das Grundproblem liegt im bei uns so verbreiteten Desinteresse an der Dienstleistung als solcher und einer in fetten Jahren antrainierten Beamtenmentalität. Als Dienstleistung läßt sich in diesem Sinne jeder Gedanke an den Kunden abseits des eng eingegrenzten Aufgabengebiets bezeichnen.

Ein Telefonist nimmt Anrufe entgegen und vermittelt an den gewünschten Gesprächspartner. Das ist seine Aufgabe, basta. Wenn er das besonders freundlich macht, dann zeigt er damit Dienstleistungsbewußtsein. Ein Automechaniker kann vom Reparaturauftrag ablesen, daß ein Ölwechsel ansteht. Den wird er erledigen, und sein Job ist damit getan. Wenn er entdeckt, daß der Innenspiegel schmutzig ist, kann er kurz zum Lappen greifen – oder eben nicht.

Mensch bleibt Mensch

Diese Beispiele von abhängig Beschäftigten lassen sich mit wenig Phantasie auf ganze Unternehmen übertragen. Kundenorientierung steht und fällt mit der Mentalität der Menschen, ganz unabhängig von ihrem Aufgabengebiet. Mit Befehl von oben – »Hallo Sie, ändern Sie doch bitte Ihre Mentalität!« – wird man da nicht viel erreichen können.

Je größer und damit anonymer ein Unternehmen ist, desto schwieriger und langwieriger gestalten sich kulturelle Kurswechsel. Ob ein Beratungsprodukt aus der kundenorientierten Schublade eingesetzt wird oder nicht, dürfte daran nichts ändern. In dieser Hinsicht verdienen die Unternehmensberater unser Mitleid. In dem, was sie vorschlagen, ist ja zuweilen wirklich ein großes Korn Wahrheit.

Auf der anderen Seite verheißt die Dimension der Beratungsaufgabe prall gefüllte Auftragsbücher auf kaum absehbare Zeit. Und überhaupt – die Beraterzunft verkauft schon so lange soviel heiße Luft in adretter Aufmachung, da kann ein wenig Erkenntnis der eigenen Machtlosigkeit nicht schaden. Das Thema Kundenorientierung wird noch auf Jahre hinaus ein solches bleiben.

21 Spieglein, Spieglein an der Wand...

Label (Herkunft):

Benchmarking (Xerox USA, alle Beratungsunternehmen)

Benchmarking ist eine vergleichende Wissenschaft. Wenn ein Unternehmen Defizite an sich entdeckt oder vom Hausberater auf solche aufmerksam gemacht wird, dann vergleicht es seine Verfahrensweise mit denen anderer Unternehmen. Was machen die anders? Was machen die besser?

Für dieses Prinzip ist es zunächst gleichgültig, in welchem Unternehmensbereich etwas nicht recht funktioniert. Benchmarking läßt sich überall anwenden. Wichtig ist dagegen, daß das herangezogene Vergleichsunternehmen dort, wo es unter die Lupe genommen wird, tatsächlich gute Leistungen bringt. »Best Practice« ist zur Zauberformel geworden. Wer erbringt eine bestimmte Leistung ganz hervorragend? Wer hat einen Prozeß am besten im Griff?

Maßstab für Benchmarking sollten die wahren Leader sein, weltweit und branchenunabhängig. Die herauszufinden ist nicht einfach, weshalb in der Praxis schon einmal ein Kandidat ausgewählt wird, der kaum besser ist als man selbst. In der Auswahl des führenden Unternehmens, der Ermittlung seiner Kennzahlen und der Umsetzung im Kundenunternehmen sehen die Berater ihren Job. Im Vergleich zu anderen Managementkonzepten gehen beim Benchmarking aber relativ viele Unternehmen allein ans Werk.

Wettbewerbsspionage einmal anders

Als Erfinder der Methode gilt der amerikanische Konzern Xerox. Der hatte in den 70er Jahren massive Probleme mit sich selbst und dem Markt. Da Selbsterkenntnis bekanntlich der erste Schritt zur Besserung ist, griff er zur »vergleichenden Firmenanalyse« – Benchmarking ist letztlich das gleiche, klingt aber viel besser. Schön mathematisch, anhand von Kennzahlen (Benchmarks), sollten die Leistungen der Vorbilder ermittelt und dann als Zielvorgabe ins eigene Unternehmen übertragen werden.

Hierzulande geriet Benchmarking 1993 ins Visier von Unternehmensberatern und Wirtschaftspresse. Der Grund ist einfach: In Zeiten stotternd laufender Konjunktur begibt sich das Management auf die Suche nach Rationalisierungspotentialen. Drängen sich auf den ersten Blick keine auf, dann kann ein Blick über den Zaun bestimmt nicht schaden. Wer macht was besser, schneller und vor allem billiger? Die Methodik unterschied sich nicht vom 20 Jahre älteren amerikanischen Ansatz und ist heute noch en vogue.

Von Xerox wird kolportiert, daß der Kopiergeräte-Multi zunächst in seiner Logistik klare Verbesserungspotentiale vermutete. Angeblich wurden die Manager durch eine Zeitungsmeldung auf ein Unternehmen aufmerksam, das Lagerentnahmen und Verpackung der Waren mehrfach schneller erledigte, als es Xerox mit seinen Ersatzteilen schaffte. Bei diesem Musterunternehmen handelte es sich um L.L. Bean aus Freeport/Maine, einem Versandgeschäft für allerlei Textiles. Kern der flotten Logistik bei dem weitgehend unbekannten Hosendealer soll ein selbstgestricktes Computerprogramm gewesen sein. Xerox kam, sah und ging viel schlauer wieder weg.

Benchmarken läßt sich alles

Aus dieser Erfahrung – der Wahrheitsgehalt tut hier nichts zur Sache – hat Xerox ein generelles Verfahren abgeleitet. Denn benchmarken läßt sich so ziemlich alles. Ganz einfach ist das natürlich bei leicht erreichbaren Zahlen, die sich sinnvoll zueinander ins Verhältnis setzen lassen und dann Kennzahlen genannt werden. Der Umsatz pro Mitarbeiter ist solch ein Wert oder der durchschnittliche Zeitraum zwischen Bestellung und Auslieferung des Produkts. Ist die eigene Kennzahl ermittelt, geht es auf die Suche nach den Weltmeistern in der jeweiligen Disziplin.

Daß ein Versandhaus wie L.L. Bean in Lagerwesen und Versand so richtig gut sein könnte, wird dem branchenkundigen Amerikaner möglicherweise einfallen. Schließlich ist das der Kern seines Geschäftes. Ebenso verblüfft es nicht, wenn eine Agentur für Telefonmarketing auch in der internen Kommunikation effizient arbeitet. Und daß beispielsweise die Kreditkartenunternehmen im schnellen und extrem fehlerarmen Buchen von Rechnungsvorgängen gigantischer Anzahl ganz vorne stehen, ist bei näherer Betrachtung sicher nachvollziehbar. Hat man den jeweils amtierenden Weltmeister enttarnt, geht es anschließend um die Gewinnung interessanter Kennzahlen. Die rückt natürlich nicht jedes Unternehmen freiwillig heraus, wenn es sie überhaupt jemals ermittelt hat. Aber in unseren Tagen läßt sich nicht viel geheimhalten. Auswertung der Presse, Befragung der Kunden und Lieferanten, Plausch mit wichtigen Mitarbeitern – da kommt meistens genug Material zusammen.

Kiebitzen auf Gegenseitigkeit

Als bewährt darf auch die Disziplin »Kiebitzen auf Gegenseitigkeit« gelten. Der eine bekommt die Kennzahlen des anderen und gibt dafür selbst ein paar Werte bekannt. In dieser Übung bildeten sich bei den Benchmarkern in den Vereinigten Staaten stabile Zweckgemeinschaften, die über Jahre hinweg untereinander Kennzahlen tauschten.

Für erfolgreiches Benchmarking gibt es Beispiele. Nein, sagen wir es anders. Es gibt nachweisbare Erfolge, die von den Unternehmen angeblich durch Benchmarking erreicht worden sind. Durch die Fachpresse ging vor ein paar Jahren beispielsweise Motorola, die ihre Rechnungsstellung auf Vordermann gebracht haben. Als Vorbild dienten besagte Kreditkartenunternehmen. Ergebnis: Im Lauf von fünf Jahren sank die Korrekturbedürftigkeit der Ausgangsrechnungen deutlich, die Kunden wurden viel zufriedener und zahlten entsprechend schneller.

Auch Xerox langte noch mal hin. Schon wieder war es die Logistik, die in Ungnade fiel – scheinbar sind die Logistiker bei Xerox unbeliebt. Die Zeit zwischen Auftragseingang und Auslieferung war den Chefs zu lang, Computerbauer Dell konnte das schneller. Also abgeschaut, und los ging's. Kurze Zeit später kehrte Zufriedenheit bei Xerox ein. Prima.

■ ... und was steckt dahinter?

Benchmarking ist schön, schön schlicht. Während sich andere mit furchtbar aufwendigen Managementkonzepten herumplagen oder am Ende gar entdecken, daß sie Kunden haben, belassen es die Benchmarking-People beim Blick über den Zaun, ganz nach dem Motto: Der Nachbar fährt Mercedes, was habe ich da falsch gemacht? Hat man dann herausbekommen, daß der Nachbar mit dem Stern nach dem Frühstück fünf Kniebeugen macht, dann macht man's auch. Schon verwandelt sich der gebrauchte Golf in der Garage zur schwäbischen Edelkarosse, oder etwa nicht?

Vielleicht hatte der Nachbar ja einen ebenso reichen wie mittlerweile verblichenen Großonkel? Vielleicht liegt der Fahrzeugbrief bei der Bank, und der arme Kerl schuftet nur für die Raten. Vielleicht verdient die Gattin zu später Stunde im »Club Orchidee« die entscheidenden Märker dazu? Das alles wären Finanzierungsmodelle, die nicht unbedingt übertragbar sind.

Die in der Theorie unterstellte und in der Praxis kaum gegebene Übertragbarkeit von einem Unternehmen zum anderen ist das Grundproblem, an dem Benchmarking unheilbar krankt. Tatsächlich gibt es diese Übertragbarkeit höchst selten. Benchmarking vergleicht ständig Äpfel mit Birnen, Kopiergeräte mit Herrenhosen und Kreditkarten mit Funktelefonen.

Die Inhaber der güldenen Medaille »Best Practice« gewinnen sie deshalb, weil die jeweilige Disziplin nahe an ihrem Kerngeschäft liegt. Wenn ein Unternehmen davon lebt, Klamotten zu versenden, dann tut es gut daran, im Versand gut zu sein. Gehört der Versand von Ersatzteilen oder dergleichen aber zu den Nebensächlichkeiten im Geschäft, dann macht es keinen Sinn, hier mit übertriebenem Aufwand an Verbesserungen zu arbeiten. Den treibt das Unternehmen besser auf den wirklich wichtigen Sektoren, von denen es lebt.

Best Practice für den Worst Case

Selbst innerhalb einer Branche wird's gern albern bis gefährlich. Ein Beispiel: Zwei Hersteller bauen Wohnzimmerlampen. Der eine produziert welche, die für Qualität und etwas höhere Preise stehen, der andere ist billiger, dafür wackeln die Geräte mitunter ein wenig. Natürlich haben beide eine Qualitätskontrolle, natürlich müssen beide die Kosten senken. Die Qualitätsexperten des teureren Anbieters werden zum Benchmarking zwecks Kostensenkung verdonnert. »Best Practice«, also niedrigste Kosten in der Qualitätskontrolle, orten sie bei den Kollegen mit den Wackellampen. Sie orientieren sich weisungsgemäß an den Verfahren des Vorbilds, und bald sind die Kosten unten – und die Lampen sind endlich ebenso schlecht wie die von den Kollegen.

Benchmarking pickt einen Aspekt betrieblicher Aktivität heraus und betrachtet ihn isoliert vom Kerngeschäft. Ob der Vergleich mit dem Besten in irgendeiner Teildisziplin zur generellen Positionierung am Markt und dessen Bedingungen paßt, interessiert die Benchmarker wenig, solange sich ordentlich Kennzahlen ermitteln lassen. Benchmarker sind nämlich Zahlenfetischisten.

Was aber bringen die Kennzahlen des Klassenstrebers, wenn sie schon aufgrund unterschiedlicher Unternehmensgrößen nicht erreicht werden können? Ein großer Hersteller von Produkt X wird natürlich niedrigere Stückkosten haben als ein kleines Unternehmen, das sich auf demselben Markt tummelt. Der große kauft in größeren Mengen ein, also billiger, und kann in der Fertigung möglicherweise Maschinen und Verfahren einsetzen, die sich nur bei hohen Stückzahlen rechnen. Da können die Benchmarker mit Kennzahlen um sich werfen, solange sie wollen.

Noch ein Beispiel: Natürlich muß ein PC-Hersteller mit gnadenlos minimierten Lagerbeständen an Komponenten arbeiten, weil die jeden Tag billiger werden. Nach kürzester Zeit läge sonst der erzielbare Verkaufspreis unter den Selbstkosten, was gemeinhin als ruinös bezeichnet wird.

Besagter PC-Hersteller schafft es aber; er ist nämlich Weltmeister im Minimieren von Lagerbeständen. Also wird er von den Benchmarkern als Vorbild herangezogen, wenn irgendwo einer überlegt, ob es vielleicht mit ein bißchen weniger Lager ginge. Das könnte zum Beispiel ein Hersteller von Kuckucksuhren mit mechanischen Werken sein. Bei dem liegen die Stundenzeiger vielleicht jahrelang auf Lager, ohne daß ihn die Unruhe packt. Macht ja auch nichts, oder wenigstens nicht viel. Die Kennzahlen vom Weltmeister sind für seine Uhrenproduktion bedeutungslos.

Märchen für Unternehmer

Spieglein, Spieglein an der Wand... Daß die Amerikaner die dümmliche Eitelkeit der Königin aus »*Schneewittchen*« als erste auf die Leistungsbestimmung im Unternehmen transferiert haben, ist kein Zufall. Schließlich haben sie lange Zeit geschlafen. Amerikanische Companies waren traditionell am eigenen Markt orientiert. Das bedeutet nicht, daß sie nur im Inland verkauft hätten. Das bedeutet vielmehr, daß sie sich wenig um ausländische Firmen scherten, selbst wenn es Wettbewerber waren. Eine gewisse Ignoranz gegenüber den Belangen der großen weiten Welt zeichnet bekanntlich selbst gebildete Amerikaner aus.

Im internationalen Umfeld hinkten amerikanische Unternehmen in vielen Disziplinen hinterher. Ein Beispiel liefert die Autoindustrie, die in vergleichsweise riesigem Umfang umgebaut wurde, um überleben zu können. Kostengünstiger, schneller und besser produzieren – das wollten weltweit alle Hersteller. Aber bei GM, Ford und Chrysler lag viel mehr Luft zwischen Ist-Zustand und erreichbarem Soll. Die Frage »Wie machen's denn die anderen?« lag da besonders nahe. Aber Benchmarking im wissenschaftlichen Sinne? Na ja...

Man stelle sich doch einfach ein kleines, absolut banales Szenario vor. Da verlassen zwei Nachbarn jeden Morgen um die gleiche Zeit das Haus, um an derselben Haltestelle denselben Bus zu erreichen. Der eine erreicht den Bus immer, der andere verpaßt ihn mit schöner Regelmäßigkeit. Was lernt der Lahme vom Flinken? Richtig, schneller gehen! Benchmarking? Richtig, so simpel ist das.

Wenn der Chef in die Werkshalle ruft: »Macht schneller, schöner, netter oder sonstwas, die anderen können's doch auch«, dann ist das noch kein Benchmarking. Wenn dem Chef aber noch ein Wert entfährt, dem zu entnehmen ist, *wieviel* schneller, besser oder netter die anderen arbeiten, dann hat er die Lehre begriffen.

Daß mitunter Erfolge zu verzeichnen sind, ändert weder etwas am Grundirrtum des Verfahrens noch an seiner Banalität. Mancher Vorgesetzte glaubt, schon mit einem mahnenden Hinweis auf die besseren Leistungen des Kollegen einen gemächlicheren Mitarbeiter in Schwung bringen zu können. Das zieht in den seltensten Fällen. Im Hinblick auf die eigene Leistung laufen Benchmarking-Empfehlungen immer ins Leere.

22 Expeditionen ins Tierreich

Label (Herkunft):

Management by Pu (Roger E. Allen); Wildentenprinzip (Dr. Hans Haumer); Delphinstrategien (Dudley Lynch/Paul Kordis, balance Unternehmensberatung Lenz-Oswald & Partner)

Tiere sind die besseren Menschen, das wissen wir schon lange. Selbst der für seinen gesunden Appetit bekannte Hammerhai läßt sich mit der lapidaren Bemerkung, daß er ja nur seiner Natur folge, trefflich verniedlichen. Aus dieser menschlich-tierischen Unbedarftheit Managementkonzepte zu generieren, macht Sinn.

Also, die Idee ist gut. Sie muß gut sein, denn sie kommt aus Amerika. Dem Land, in dem Managementkonzepte wachsen, wie man sie in Deutschland am liebsten mag: griffig formuliert, ohne Schachtelsätze und -gedanken, im Ansatz optimistisch bis heiter, unkompliziert und unter allen Umständen leicht nachvollziehbar.

Tiere sind die besseren Menschen

Das US-Managementkonzept, das in deutscher Übersetzung nicht blitzartig zum Bestseller avanciert, muß erst noch ersonnen werden – möglicherweise von einem amerikanischen Deutschen der zweiten Generation.

Was ist dran an Amerika? Was ist typisch amerikanisch? Lassen wir mal gedanklich den Blick schweifen von New York bis Los Angeles. Was in Amerika beeindruckt, ist doch vor allem zweierlei: Superservice und abgöttische Tierliebe.

Das Service-Argument kann jeder Tourist bereits nach der ersten Tasse Kaffee auf amerikanischen Boden bestätigen: »Do you want a refill?«. Für das zweite reicht ein Blick in die Yellow Pages, Abteilung Tierfriedhöfe. Amerikaner, jedenfalls solche ohne permanente Auslandskontakte oder direkte europäische Vorfahren, essen selbstverständlich weder Rehe, Hirsche noch Hasen. Rehe, Hirsche und Hasen sind nämlich sympathische Tiere mit höchster Trickfilmtauglichkeit. Bambi, Bugs Bunny, etc....

Und noch eins zeichnet Amerikaner aus: Sie sind praktisch.

Sie wollen einen Beweis? Praktische Menschen gestalten ihren Alltag so leicht und angenehm wie möglich. Sie parken zum Beispiel direkt neben der Wohnzimmertür. Und nur genuin praktische Menschen kommen auf den Gedanken, das Abgucken bei der Konkurrenz zur Strategie zu erklären und als Managementkonzept unter dem Label »Benchmarking« zu verkaufen: zwei Fliegen mit einer Klappe! Echt praktisch. Wenn Sie Näheres dazu wissen wollen, blättern Sie einfach ein paar Seiten zurück (siehe Kapitel 21).

Bugs Bunny ist Zeuge

Wenn wir Konkurrenz als solche nur weit genug fassen, sind wir beim Thema dieses Kapitels. Denn wer sagt schließlich, daß man Ideen, Konzepte und Strategien nur bei anderen Unternehmen (oder Unternehmensberatungen) klauen kann? »Keiner einer«, würde der praktisch orientierte Comic-Hase Bugs Bunny lispeln. Deshalb sollte man das Abgucken viel ganzheitlicher, eher multidimensional, eben holistisch betrachten. Der Mensch lebt doch nicht allein auf diesem Planeten. Gibt es da nicht noch ein paar interessante Mitbewohner, deren Verhaltensweisen zu studieren sich lohnen könnte? Aber natürlich..., die lieben Tiere. Häschen, Mäuschen, Fischlein & Co. mag der Amerikaner von Geburt an. Wie schon gesagt.

Nicht alle, selbstverständlich. Weder alle Tiere noch alle Amerikaner. Amerikanische Consultants aber sind eine besondere Spezies: Sie sind besonders tierlieb und besonders praktisch.

Das Schöne an Tieren ist, daß es so viele verschiedene Arten davon gibt. Nicht nur große und kleine, dicke und dünne, langsame und flinke, sondern auch Einzelgänger und Gruppenfreaks, dem Menschen nützliche und schädliche, Sympathieträger und Ekelbrocken. Und alle, wirklich alle verhalten sich anders, die allermeisten glücklicherweise ganz anders als die Menschen. Da wundert es gar nicht, daß der Verhaltensforscher Konrad Lorenz die Gesellschaft von Graugänsen der seiner eigenen Artgenossen vorzog. Oder daß sich die berühmte amerikanische Primatenforscherin Diane Fossey lieber im afrikanischen Urwald mit Gorillas herumbalgte als in einer US-Universität mit ihren Wissenschaftlerkollegen.

Das Angebot ist also groß – was liegt da näher, als sich ein paar Anregungen aus dem Tierreich zu holen, mit denen sich ein wundervolles neues Managementkonzept oder zumindest die Idee für ein innovatives Seminar entwickeln ließe.

Ergo machten sich Ende der 80er, Anfang der 90er Jahre einige Psychologen, Verhaltenstrainer, Ökonomen und Hundefreunde in ihren Schreib- und Studierstuben mit wahrer Akribie an die Verwertung der zoologischen Artenvielfalt. Mit verblüffenden Resultaten.

Die süßesten Früchte fressen stets ...

Als erstes Untersuchungsobjekt gerieten der Löwe und sein Verhalten im Rudel ins Blickfeld der Management-Sielmanns. Denn nach Meinung erfolgreicher Manager ist gerade der Löwe das Symbol für den erfolgreichen Manager. Schließlich ist der Löwe (auf Suaheli »Simba« = »Herr«) nicht irgendwer; trotz eines Gewichtes von mehr als 150 Kilogramm und einer Länge von fast zwei Metern (ohne Schwanz) kann er bekanntlich sehr schnell laufen und weite Sprünge machen. Löwen sind gesellig (wie der Nachwuchsmanager), organisieren sich in Rudeln von 20 bis 30 Artgenossen (wie der arrivierte Manager) und wehren jeden Versuch eines fremden Männchens ab, in ihr Revier einzudringen (wie der Topmanager). Besonders die Löwenmännchen gelten auch als sehr delegationsfreudige und weise Tiere, weil sie zum Beispiel das Beutemachen ihren Untergebenen – den Löwinnen – überlassen. Gleich treuen Angestellten überlassen diese dem Chef den leckersten Teil der Beute. Schließlich hält er ihnen ja auch die Mitbewerber vom Hals.

Erst wenn ein Löwe alt und grau geworden ist und seine Zähne verloren hat, vermag er keine Antilopen oder Gazellen mehr zu fressen. Im hohen Alter kann er nur noch Kleintiere schlucken und – falls er es verstanden hat, sein Ansehen im Rudel durch gelegentliche Schaukämpfe zu wahren – den Nachwuchs trainieren, also gewissermaßen zum Löwen-Consultant aufsteigen. Der König der Tiere eignet sich daher als gern übernommenes Vorbild jedes wackeren Streiters im Überlebenskampf der Vorstandsetage.

Menschliche Löwen übrigens, sprich Manager, verlieren nie wirklich ihre Power..., sie reifen... und lassen dann beißen, notfalls.

Mit den Wölfen heulen

Anders als Löwen genießen Wölfe zwar in der breiten Bevölkerung kein brillantes Ansehen – dafür haben sie aber in Topmanagerkreisen einen enorm hohen Symbolwert. Denn erstens sind Wölfe keine Katzen (damit assozieren die meisten Führungskräfte eher weibliche Verführungskräfte), und zweitens lehnen sie die Großfamilie strikt ab. Wölfe sind per definitionem einsam (wie Manager), sie sind stets gleichzeitig auf der Hut und auf der Jagd (wie Manager), und wenn sie sich denn schon mal nach Art eines Joint Ventures zum vereinten Schlagen zusammentun, dann nur als zeitlich befristetes Zweckbündnis in kleinen, feinen Clubs (wie Manager).

Wie in jedem Geschäftsleitungsgremium gibt der ranghöchste Rüde – das sogenannte Alpha-Männchen – den Boss. Die übrigen Mitglieder des Rudels unterwerfen sich ihm und kämpfen unter sich eine eigene Rangordnung aus. Wölfe heulen, um Konkurrenz der eigenen Art fernzuhalten: ein Zusammentreffen würde unweigerlich zu einem Kampf führen. Ein amerikanischer Verhaltensforscher verglich in den 80er Jahren das Wolfsheulen mit der Ankündigungspolitik, wie sie zum Beispiel ein international führender Computerhersteller pflegte: Schon Monate, bevor ein neues Produkt den Markt erreichte, schlugen die Konzerntrommler heftigst auf die Pauke. Nach dem Grimmschen Muster vom Hasen und Igel ließen sie alle Konkurrenten wissen: »Ik bün all hier«, auf daß diese beschämt ihre Entwicklungsaufwendungen abschreiben sollten. »Managen wie die Wölfe« hieß sein vielbeachteter Aufsatz in der *Harvard Business Review.*

Das »Kangaroo-Prinzip«

Der Känguruhrekord im Weitsprung soll bei zwölf Metern liegen. Das Beuteltier machte aber nicht nur wegen enormer Sprungkraft und innovativer Transportlösungen in Consulting-Kreisen Schlagzeilen. Känguruhweibchen sind ungemein produktiv und beherrschen die Prinzipien des Zeitmanagements (siehe Kapitel 16) ausgezeichnet: Sie schleppen ein Junges im Beutel herum, lassen zur gleichen Zeit einen etwas älteren Abkömmling, den sie auch noch säugen, draußen herumlaufen – und sind schon längst wieder trächtig.

»Wow«, dachte sich da ein aufgeweckter Berater jenseits des atlantischen Teiches, »das Kangaroo-Prinzip – notieren Sie schon mal dieses Label, Jill! – können wir glatt eins zu eins umsetzen. Etwa so: Die starke Muttergesellschaft läßt ihre älteste Tochter weitgehend an der langen Leine laufen, unterstützt sie aber weiterhin (auf australischem Gras wird nicht kaltherzig »outgesourct«!). Gleichzeitig päppelt sie die mittlere Tochter noch kräftig mit Aufträgen vom Stammhaus. Die jüngste Tochter ist noch in der Planungsphase. Auf diese Weise riskiert die Mutter nicht sämtliche Ressourcen – das eine oder andere Junge könnte ja mal eingehen –, schafft sich aber gleichzeitig hinreichend viele eigenständige organisatorische Einheiten, um gelebtes Unternehmertum zu generieren. – Jill, was halten Sie davon? Schauen Sie doch mal rasch nach, wie viele Töchter die Fortune 500-Companies im Schnitt haben.«

Wir wissen letztlich nicht, welchen ökonomischen Nährwert diese Idee für amerikanische Konzerne hatte. Aber um den Barwert seiner Idee zu schätzen, brauchte der Consultant nur die Zahl der ermittelten Tochterunternehmen mit drei (Beratermannmonaten) zu multiplizieren. Da behaupten doch wirklich nur noch Berufspöbler, daß das Kangaroo-Prinzip die Beraterszene ganz anders charakterisiere: große Sprünge, nichts im Beutel.

Nicht nur junge oder junggebliebene Manager von der Ostküste der Vereinigten Staaten mit einem Hang zu Biokost und schadstoffreien Holzarchitekturen konnten dem breitgefächerten Seminarangebot über das Management à la Löwen, Wölfe oder Känguruhs nicht widerstehen – waren doch die herkömmlichen Ansätze zu Beginn der 90er Jahre allgemein als viel zu mechanistisch verschrien, fand doch der Glaube, per Knopfdruck ein Unternehmen steuern zu können, immer weniger Anhänger. Folgerichtig erfreuten sich die biologistischen Ansätze zwar eines kurzzeitigen, nichtsdestotrotz aber sehr schönen und gewinnträchtigen Booms.

Management nach Pu

Unwiderstehlich und ganz allerliebst war auch Roger E. Allens Einfall. Der Washingtoner Managementberater – seine Firma heißt Allen Associates – erlag ihm, dem Einfall, indirekt. Eigentlich wollte Allen die mitunter erratischen Verhaltensweisen seines kleinen Sohnes (5 Jahre) mit den Attitüden unbefriedigter Nachwuchskräfte vergleichen und daraus ein zukunftsweisendes Personalentwicklungskonzept stricken. Doch als Allen eines Tages der abendlichen Bettlesung für seinen Filius beiwohnen konnte, kam er auf einen ganz anderen Gedanken ...

Das »Management by Pu« ist eine besondere Variante der Expeditionen ins Tierreich. Winnie-der-Pu ist ja bekanntlich kein echter Bär, sondern eine literarische Figur von A .A. Milne. Roger E. Allen durchforstete das besonders im angelsächsischen Raum ungeheuer beliebte Kinderbuch auf Taugliches für die Chefetage. Und er wurde fündig. Mit Pu, dem naiven Bären mit ausgeprägtem Sinn fürs Selbstverständliche (»Wenn ich Honig will, muß ich danach suchen«) lassen sich geradezu revolutionäre Erkenntnisse gewinnen. Zum Beispiel: Führungskräfte würden ihre Aufgaben viel besser erfüllen, wenn sie sich auf die Grundlagen ihrer Arbeit konzentrieren würden.

Die sechs grundsätzlichen Aufgaben einer Führungskraft sind nach Pu:

- Zieldefinition
- Organisation
- Motivieren
- Fördern

- Kommunizieren
- Resultate messen und analysieren.

Wenn man das doch nur früher geahnt hätte! So manche Pleite wäre garantiert zu verhindern gewesen.

Als die Kunde vom wundersamen Erfolg dieser und anderer Bio-Konzepte und Kuscheltier-Seminare nach Europa drang, wollte man in der Alten Welt natürlich nicht abseits stehen. Also wurden hektisch die verstaubten Zoologiebücher vom Speicher geholt ..., Kind und Kegel in den nächsten Zoo verfrachtet ..., Hund, Katze und Kanarienvogel aufmerksam beäugt.

Tiere sind nämlich ein großartiges Studienobjekt. Geradeheraus, nicht so wie Menschen oder durch den Intellekt verbogen. Die Verhaltensweisen der Tiere sind angeboren, nicht gesellschaftlich verfremdet. Jedes Tier weiß genau, wie es sich seine Nahrung beschaffen kann, wer seine Feinde sind und ob es beim Auftauchen eines Bösewichts am besten flieht, sich versteckt, oder ob es Sinn macht, sich zu wehren. Beneidenswert!

Ähnlich sicher ist sich der Mensch leider selten. Aber angeboren ist ihm auch einiges. Beispielsweise reagiert er auf bestimmte Schlüsselreize. Konrad Lorenz hat sich 1943 in einem Artikel mit dem Titel: »Die angeborenen Formen möglicher Erfahrung« darüber ausgelassen. Welche Tiere wir »sympathisch« finden, entscheiden wir nicht frei. Bambi ist einfach niedlich. Punkt. Regenwürmer nicht, auch nicht die ganz kleinen. Basta.

Wenn man also europäische Manager mit einem extravaganten neuen Konzept beeindrucken wollte, was lag da näher, als sich ein paar echte Sympathieträger aus dem reichen Tierarsenal herauszupicken? Kleine Entchen zum Beispiel?

Das Wildenten-Prinzip

Küken sind tierisch sympathisch. Das steht fest. Ausgewachsene Enten auch, ganz besonders die wilden. Die rauschen zwar nicht wie die Wildgänse durch die Nacht, haben aber dafür einen Formationsflug entwickelt, der etwa 20 Prozent Energie spart. Die schwächsten Enten dürfen immer die aerodynamisch günstigsten

Positionen besetzen. Hochmoralisch, diese Enten! Und sie kommunizieren miteinander, wenn sie fliegen. Das ist doch auch sehr schön. Vielleicht könnte man ja den Enten-Lifestyle auf Verwertbares fürs Management abklopfen? Dieser Gedanke kam jedenfalls Dr. Hans Haumer, Vorstandsvorsitzender der GiroCredit Bank AG in Wien, und flugs verfaßte er ein Buch mit dem Titel *»Das Wildenten-Prinzip«*. Es erschien 1994.

Und was schreibt der Chef der drittgrößten österreichischen Bank seinen Managerkollegen nun ins Stammbuch? Was hat er von den Wildenten gelernt? Nämliches:

- »Begreife die Macht des gemeinsamen Fluges von vielen Flügeln.«
- »Glaube an die Kraft in Dir und in den anderen.«
- »Kampf und Konsens bestimmen gemeinsam die soziale Synergie jeder Organisation.«

Ein Schelm, wer bei solch tiefgründelnden Weisheiten nur an den bekannt erfolgreichen Entenmanager Dagobert Duck denkt.

Delphinstrategien

Neben Enten sind auch Delphine überaus sympathisch. Sie sind zwar größer als Enten, tun dem Menschen aber auch nichts. Ganz im Gegenteil: Die possierlichen Tierchen haben schon so manchen Menschen aus bitterster Seenot gerettet, man denke nur an Flipper. Deshalb eignen sich Delphine hervorragend als Symbolfiguren für herzergreifende Managementphilosophien.

Von den Delphinen kann man(ager) viel lernen. Zum Beispiel, wie man in Harmonie mit der Umwelt lebt, sich elegant durch die Wogen kämpft, dabei noch Spaß an der Freude hat und auch die anderen leben läßt. Delphine sind eben keine Haie, sie sind überhaupt nicht aggressiv. Und Führungskräfte, die nach diesem Vorbild agieren, braucht die heutige Wirtschaft dringend.

Wer den Delphin in sich entwickeln möchte, kann bei der Freiburger Unternehmensberatung balance Training & Coaching ein dreitägiges Seminar buchen, das nach dem Vorbild des amerikanischen Bestsellers *»Delphinstrategien«* der Managementautoren Dudley Lynch und Paul Kordis gestrickt zu sein scheint.

Sonja Oswald und Hans-Jürgen Lenz-Oswald, die Betreiber und Trainer der Consultancy, sagen ganz klar, was die Teilnehmer ihrer Seminare von den Delphinen lernen können. Im Teich des Managements schwimmen bekanntlich große und kleine Fische herum, die aber – vermutlich der besseren Übersicht wegen – von Lenz-Oswald in vier flossentragende Arten eingeteilt werden.

Von Karpfen, Haien und Delphinen

Das Grundmotto des genügsamen *Karpfens* lautet: »Ich kann nicht gewinnen. Ich bin ein Karpfen und glaube an den Mangel.« Auf einer höheren Stufe des Bewußtseins steht der *pseudo-erleuchtete Karpfen*, der von sich weiß: »Ich bin ein pseudo-erleuchteter Karpfen und glaube an ein Universum des absoluten Überflusses. Deshalb glaube ich weder an das wahrhaft Böse noch an wirkliche Verlierer – es ist nur eine Frage der Zeit, bis jeder gewinnt. Weil es mein Urbedürfnis ist, geheilt zu werden, fühle ich mich nicht wohl bei Vergeltung oder Flucht. Ich glaube, daß alles, was wir im Leben tun müssen, ist, sich gehenzulassen und mitzufließen.«

Lassen wir diese bedeutungsschwangeren Verse einmal auf uns wirken, und wenden wir uns der dritten Flossenträgergruppe zu: dem gefräßigen *Hai*. Dem unterstellen die Freiburger Berater nicht ganz zu Unrecht folgendes Grunddenken: »Ich bin ein Hai und glaube an den Mangel. Ich muß gewinnen.« Und dann gibt´s da noch die *Delphine*. Zu dieser Gattung – Motto: »Ich bin ein Delphin und glaube an den potentiellen Mangel und den potentiellen Überfluß« – zählen eher indifferente Führungskräfte mit offensichtlich schwachem Ego. Aus dieser Gruppe rekrutiert sich die Klientel der Unternehmensberater, denn um ein richtiger Delphin zu werden, muß man natürlich trainieren. Aus dem Verkaufsprospekt der badischen Berater: »Erfolgreiche Visionäre der Zukunft sind Manager, die die Zeichen der Zeit erkennen. Unsere Zeit steht im Zeichen der Delphine.«

Und wie nutzen Sie Ihr delphinsches Potential?

Die Teilnehmer der Drei-Tages-Seminare

- »entdecken bei einer imaginären Flußüberquerung ihren delphinischen Teamgeist und erzielen den Durchbruch – sie erreichen mit weniger mehr«,
- können »ihr delphinisches Potential entdecken und kreativ bei der Lösung von konkreten Problemen einsetzen«,
- werden anschließend wie ein Delphin »elegant, kompetent, kooperativ, kreativ und spielerisch rapide Veränderungen in der Geschäftswelt meistern«.

Wir zitierten den Verkaufsprospekt.

Vielleicht lernen die Teilnehmer von den possierlichen Säugern etwas ganz anderes: drollig aussehen und öfter untertauchen. Auch das kann auf seine Weise den wirtschaftlichen Erfolg begünstigen. Denken Sie nur an die Steuerprüfung.

■ ... und was steckt dahinter?

Tja ...

23 Die betriebliche Sozialstation

Label (Herkunft):

Case Management (Thomas H. Davenport, Nitin Nohria)

Das größte Problem vieler Unternehmen sind die lästigen Kunden. Die wundervoll durchorganisierten Arbeitsabläufe werden immer wieder gestört durch Anrufer, die wissen wollen, ob ihre Bestellungen und Aufträge bearbeitet werden ..., und wann wird es fertig sein? ..., und warum nicht schon heute? Nicht gänzlich auszuschließen sind auch noch Sonderwünsche, Beschwerden, Auftragskorrekturen ..., kurzum: Die Kunden stören.

Um dieses Übel abzustellen, haben viele Firmen bereits vor Jahrzehnten ein Serviceteam eingerichtet, das sich eigens um die Kundenwünsche kümmert, Beschwerden abwehrt und alle Abteilungen, die mit dem Kundenauftrag befaßt sind, koordiniert. Anders als die Lehre von der Arbeitsteilung vorsah, betreuen die Mitglieder dieser Dienstleistungsteams nur jeweils einen oder einige wenige Kunden, diese aber dann in allen Angelegenheiten.

Interessanterweise wurde dieses Verfahren nicht von einer Managementberatung ersonnen. Es entwickelte sich vielmehr ohne großes Aufsehen in einigen Unternehmen, die einfach Bedarf an solchen Serviceteams hatten. Das Case Management mußte daher im Gegensatz zu vielen anderen Managementmoden eher zufällig – genau wie Amerika, Penicillin oder das HIV-Virus – entdeckt werden. Beim Herumstreifen durch große amerikanische Unternehmen fiel Thomas H. Davenport und Nitin Nohria 1994 auf, daß sich etwas für sie offenbar sehr Verblüffendes ereignet hatte:

Sie, die bisher felsenfest von der seit einem Jahrhundert gültigen Formel der Arbeitsteilung überzeugt gewesen waren, stellten fest, daß man inzwischen auf die Idee gekommen war, bestimmte Arbeitsprozesse vom Anfang bis zum Ende von einer Einzelperson oder einer Gruppe von Mitarbeitern lenken und kontrollieren zu lassen. Surprise, surprise!

Für den Fall des Falles

Für diese revolutionär neue Arbeitsgestaltung fiel ihnen ein passender Begriff ein: Sie nannten es »Case Management« (Fallmanagement). Warum? Die Wissenschaftler verglichen diese Art des Arbeitens mit dem segensreichen Tun eines Sozialarbeiters, der Menschen oder Sozial»fälle« betreut. Auch in Unternehmen gibt es eben schwere oder mittlere oder leichte Fälle, die betreut werden müssen – »vielleicht in Anlehnung an die Art, wie in der Fürsorge Sozialfälle betreut werden, indem ein Sozialhelfer seinen Klienten bei allen Behördengängen zur Seite steht«, protokollierten die beiden Entdecker gerührt.

Wie gute Forscher versuchten sie, ihre Beobachtung zu verifizieren. Sie fragten sich, ob diese absonderliche Art des Arbeitens wohl auch bei anderen Unternehmen anzutreffen sei. Wie fassungslos müssen die beiden Herren gewesen sein, als ihnen klar wurde, daß diese Serviceteams sogar noch in weiteren 15 großen amerikanischen Konzernen zu finden waren.

Davenport und Nohria wären 1994 vermutlich wie vom Donner gerührt gewesen, wenn ihnen jemand erzählt hätte, daß die meisten Unternehmen dieser Welt »Fallmanagement« praktizieren. Das nämlich schienen die Organisationsverantwortlichen in den betrachteten Unternehmen unterlassen zu haben. Statt dessen brüsteten sich alle Entscheider damit, die neue Methode selbst erfunden zu haben.

Papiertiger ohne Füße

Die Versicherungsleute bei Mutual Benefit Life etwa berichteten von ehedem 40 Arbeitsschritten, 12 beteiligten Fachabteilungen, 80 Leuten und 22 Arbeitstagen für die Bearbeitung einer Police – eines Falles im Sinne von Davenport. Heute, so erklärten sie stolz, genügten drei Mitarbeiter, die den Vorgang in zwei bis sechs Tagen abwickeln würden. Kosteneinsparung: 40 Prozent. Davenport und Nohria waren hingerissen. Allerdings: Noch immer fehlte der theoretische, der analytische Unterbau dieser neuen Managementmethode und damit die Möglichkeit der Übertragung auf ein anderes Unternehmen.

Emsig versuchten die Wissenschaftler, das Geheimnis der neuen Praxis zu lüften. Mit investigativem Spürsinn machten sie sich ans Werk. Sie beäugten und protokollierten, erstellten Strichlisten und fertigten Grafiken an.

Heraus kam folgendes Ergebnis: Fallmanager arbeiten unmittelbar mit dem Kunden zusammen, also immer dort, wo ein Produkt oder eine Dienstleistung direkt an den Kunden geliefert wird und wo zeitaufwendige Zwischenetappen eingespart werden sollen. Der Fallmanager ist die Schnittstelle zwischen Kunde und Unternehmen. Er löst alle Kundenprobleme. Und natürlich benutzt er einen Computer, in dem alle wichtigen Daten für seine Arbeit zur Verfügung stehen.

Als ihnen die wesentlichen Eigenschaften dieser theoretischen Figur klar waren, müssen sich die beiden Forscher sehr gefreut haben. Jedes Unternehmen braucht mindestens einen Fallmanager, solch ein Universalgenie, ach was, solch eine Lichtgestalt. Die ganze Welt braucht Fallmanager – schnell, dringend, sofort.

Davenport und Nohria überlegten, in welchen Firmen sich Fallmanager einsetzen lassen. Mit Sicherheit in Fertigungsunternehmen, aber natürlich auch in Fertigungsunternehmen, die Dienstleistungen anbieten, und natürlich in Dienstleistungsunternehmen, sogar in Dienstleistungsfabriken, die auch fertigen – kurz: einfach überall. Perfekt.

Auf der Flucht

Sie grübelten auch über die konkrete Stellenbeschreibung nach. »Solche Positionen sind nicht einfach, aber immer interessant«, notierte Davenport, der fortwährend daran dachte, wie fürchterlich es doch sein müsse, ständig aufgeregte Kunden zu beruhigen. »Aber die Unternehmen müssen aufpassen, daß sie ihren Fallmanagern nicht zu viele Aufgaben übertragen«, bemerkte Nohia, dem ziemlich schlecht bei dem Gedanken wurde, wie die bedauernswerten Fallmanager unablässig im Kundeninteresse durchs Unternehmen gehetzt wurden.

»Die Schaffung verhältnismäßig komplexer Fallmanagementpositionen hat freilich ihre Tücken«, schrieb Davenport nachdenklich nieder. Ihm war vermutlich gerade der Gedanke gekommen, daß kaum ein Mensch diesen undankbaren Posten würde haben wollen. » ... je mehr er arbeiten muß«, wollte er gerade ergänzen, strich aber dann die Passage schnell wieder durch. Statt dessen fügte er einen neuen Satz an: »Je breiter das Spektrum der dazugehörigen fachlichen Aufgaben und betreffenden Organisationen, desto schwieriger ist es, die geeignete Person zu finden«.

Gesetzt den Fall, man fände einen solch belastbaren, engagierten, aus seinem inneren Wesen heraus kundenorientierten Fallmanager – an welcher Stelle der Organisation sollte er sitzen? Anders gefragt: Bieten die geläufigen Formen der Organisation überhaupt Raum für einen Fallmanager? Oder muß man beginnen, ganz neu zu denken? Sozusagen das Undenkbare zu denken?

Disneyland forever

Eine der wertvollsten Gaben vieler Amerikaner ist ihre Fähigkeit, sich ihre Kindlichkeit zu bewahren. »Der Fallmanager«, ahnten Davenport und Nohria, »ist möglicherweise der Vorreiter einer neuen Form der Organisation ... Fallmanagement hat das Potential, die Zukunft aller Organisationen zu werden.« Als sie an diesem Punkt mit ihren Überlegungen innehielten, kam ihnen eine geradezu geniale Idee.

»Warum könnte man das Fallmanagement alternativ nicht direkt zum Kunden auslagern? Werden die Kunden dann Fallmanager?« Dieser Gedanke erst krönte das Opus, er verhieß die Lösung schlechthin. In der Organisation der Zukunft werden die Kunden selbst die Fallmanager. Sie kümmern sich selbst um ihre eigenen Aufträge, halten Kontakt zu den verschiedenen Abteilungen des Lieferanten, übernehmen die Koordination, selbstverständlich alles per Computer und Information Highway. Wunderbar.

Damit war der entdeckte Dienstleistungsgedanke nur konsequent zu Ende gedacht: Wenn der Kunde optimalen Service wünscht, sollten wir ihm alle möglichen Freiräume geben, um selbst darauf Einfluß nehmen zu können. In Zukunft ist die Eigeninitiative des Kunden gefragt. Er leistet den Service – und bezahlt dafür. Steigert das nicht die Wertschöpfung ungemein? »Na klar«, dachten aufgeweckte Banker und erfanden das Home-Banking. Der Kunde macht all das, was früher sein Bankberater getan hatte, nun selbst, von zu Hause aus – wann immer er das will – und bezahlt nur eine Kleinigkeit dafür an die Bank, die ihm so viele Freiräume gewährt hat.

(Dieser verlockende gedankliche Ansatz ließe sich übrigens mühelos auf die Fertigung übertragen. Warum sollen die Unternehmen Arbeiter beschäftigen und Löhne bezahlen oder sogar Lohnnebenkosten? Sollen die Kunden die Produkte doch selbst herstellen. Das Unternehmen stellt Maschinen und Material zur Verfügung – den Rest macht der Kunde selbst. Dafür wird es auch ein bißchen billiger. In Ansätzen wird das schließlich von Unternehmen wie dem schwedischen Möbelmulti Ikea seit langem erfolgreich praktiziert. Oder wie beim Friseur: Der Meister schneidet, der Kunde fönt selbst. Ersparnis: ein paar Mark.)

Ihre Beobachtungen und Gedanken faßten die beiden Forscher in einem langen, wirklich langen Artikel zusammen. Er sollte bemerkenswert sein, ein Fanal ... nein ..., ein flammmender Appell in einer wissenschaftlichen Zeitschrift – und der Ruf der beiden Entdecker sollte um die Welt eilen. Und so geschah es.

■ ... und was steckt dahinter?

Früher nannte man den Case Manager Sachbearbeiter. Falls es sich um eine Dienstleistung handelte, auch Verkäufer. Als Leiter eines Teams vielleicht Projektmanager. Und in der Investitionsgüterindustrie Key-Account-Manager (siehe Kapitel 20). Aber das ist schon so lange her.

Case Management ist eine sehr schöne Methode. Sie zeigt, wie sich aus banalen Entdeckungen Kapital schlagen läßt. Und sie müßte jeden dazu ermuntern, seinerseits auf Forschungsreisen zu gehen. Vielleicht im eigenen Unternehmen?

Was gäbe es dort alles zu beobachten und zu optimieren ...

Die Dame oder der Herr gleich am Eingang, die gleichzeitig mit mehreren Telefonhörern jonglieren, Besucher abfertigen und Eilsendungen entgegennehmen können. Könnte es sich um einen Welcome Manager handeln?

Der junge Mann, der mit dem Wägelchen Berge von Post durch die Flure schiebt und wunderbarerweise immer weiß, in welchem Büro er sie abladen muß; der manchmal ein Wägelchen schiebt mit einem einzigen Brief darauf (schlechte Logistik, suboptimale Auslastung, keine Just-in-time-Lieferung, oder was?), der gelegentlich nur einen Stapel Briefe unter dem Arm trägt (wo hat er das Wägelchen gelassen?) – jener überaus korridorerfahrene Mitarbeiter, wer kann das sein? Der Mail Manager?

Und was ist mit jenem Herrn, der untätig hinter seinem Schreibtisch sitzt? Wirklich untätig? Nein. Er liest Zeitung. Hat der Mann Leerzeiten, weil der Nachschub stockt? Gibt es hier keine Kanban-Produktion? Was mag das bedeuten? Ist das vielleicht der Nachtportier, sorry, der Night Manager?

Alles falsch, es ist der Vorstandsvorsitzende, pardon, der Commander-in-chief-Manager, der gerade überlegt, wen er alles zum Case Manager befördern kann. Der Titel klingt so hübsch. Und wie lehrt doch noch die Theorie der Motivation v. S. (vor Sprenger)? Geld und finanzieller Anreiz sind nicht alles. Der Mitarbeiter will auch belohnt, gelobt und geehrt werden. Ein neuer Titel kann da Wunder wirken. Oder nicht?

24 Ein Kessel Buntes oder: Das Beste zum Schluß

Label (Herkunft):

Diverse (von Diversen)

Wie wir nun alle wissen, birgt jedes Managementkonzept, ob neu, aufgewärmt oder nur umbenannt, die Chance auf mehr oder weniger viel Geld. Da nimmt es nicht wunder, wenn ab und zu exotische Ansätze auftauchen, die in der Regel aber dann wieder schnell vom Tisch sind. Sie spielen selten Umsatzmillionen ein, was aber auch nicht weiter schlimm ist, hat doch ihre Ausarbeitung kaum Geld gekostet. In der Vielzahl der in den letzten Jahrzehnten ersonnenen Managementweisheiten finden sich vernünftig klingende Konzepte, die mangels Marketing nur wenig Beachtung finden, ebenso wie offensichtlich esoterischer Schabernack und staubtrockene Verwaltungsfunktionen, die mit dem Zusatz ... -Management allenfalls sprachlich ein wenig schillernder daherkommen. Kurz: Es gibt schlichtweg alles.

Da von der Flugangst bis zum atomaren Super-GAU anscheinend alles zu managen ist, stürzen sich jeden Tag neue Propheten mit neuen Ideen und Ideechen auf den Markt. Besonders produktiv sind amerikanische Ökonomen, denn sie werden mit dem Gebot »publish or perish!« von der wissenschaftlichen Gemeinschaft gezwungen, permanent neue Einfälle zu haben und diese in gedruckter Form zu veröffentlichen. Und das tun sie auch – gerne und oft.

Jeder Versuch, hier den Überblick zu behalten, scheitert mit absoluter Sicherheit. Einige dieser Exoten wollen wir ohne Anspruch auf nur annähernde Vollständigkeit und in zufälliger Reihenfolge vorstellen. Und zwar genau in der Kürze, die sie verdienen.

Wie motiviert man einen Computer?

In aller Munde und weitgehend uninteressant ist das »IT-Management«. Ausgesprochen wird es »Eiti«, und ausgeschrieben steht es für Informationstechnologie. Jedes Unternehmen hat heute eine »informationstechnologische Infrastruktur« – man könnte auch sagen, es besitzt einen oder mehrere Computer – und um die muß sich irgendwer kümmern. Vorzugsweise sind das ehemalige EDV-Leiter, die heute natürlich IT-Manager heißen. Dann gab es früher auch noch den Operator. Das ist derjenige, der auf den roten Knopf drückt, sobald dieser blinkt, und der sich dann wieder hinsetzt. Diese Spezies gibt es auch heute noch, allerdings ist sie minder erfolgsentscheidend und damit im Rahmen der komplexen Aufgabenstellungen des IT-Managements zu vernachlässigen.

Es gibt unzählige IT-Berater, die gerne Tips zum IT-Management verkaufen oder es gleich selbst übernehmen. Weil immer mehr Computer in den Büros herumstehen, wenden sich zunehmend auch die klassischen Unternehmensberater diesem Spezialgebiet zu.

Das »Dialogmanagement« bezeichnet tatsächlich das Management des Dialogs. Wer es erfunden hat, ist nicht überliefert. Es gibt aber bereits eine Marktbefragung dazu. Inhaltlich verwandt ist das Dialogmanagement mit dem Management by walking around (siehe Kapitel 7): Auch dieser Ansatz propagiert das Schwätzchen, diesmal aber zwischen dem Unternehmen und seinen Kritikern. So sollten, beispielsweise, Katzenpathologen aus der pharmazeutischen Industrie mit autonomen Tierschützern am runden Tisch besprechen, was Sache ist. Die Pathologen ziehen aus der Plauderei gewiß wertvolle Hinweise zur weiteren Unternehmensstrategie. In der *Wirtschaftswoche* wurde ein Forscher des Instituts für Markt, Umwelt, Gesellschaft (IMUG) zitiert, der beteuerte, daß explosiv besetzte Debattierkreise nur bei »professionellem Dialogmanagement« Erfolge zeitigen würden. Dem ist nun wirklich nichts hinzuzufügen.

Die Beratungsgesellschaft Roland Berger & Partner möchte willigen Kunden gerne bei einem anderen Dialog behilflich sein, nämlich dem mit der Öffentlichkeit. »Reputation Management« nennt sich das jetzt ganz aktuell, dynamisch und sehr englisch. Public Relations oder schlicht Öffentlichkeitsarbeit nennen es nur Rückständige. Über diese etablierte Aufgabe geht das Reputation Management natürlich weit hinaus. Schon frühzeitig sollten Unternehmen demnach die Reaktionen der Gesellschaft auf Entscheidungen aller Art bedenken. Im Extremfall, so Roland Berger, müßten sogar ganze Geschäftsbereiche aufgegeben werden, wenn sie dem Ruf des Betreibers schaden könnten. Heckler & Koch (Feuerwaffen), Krauss-Maffai (Panzer), ABB (Kernkraftwerke), Bundesfinanzministerium (Steuererhöhungen) – wenn's denn der Reputation dienlich ist, kommt es auf ein paar hunderttausend Arbeitslose auch nicht mehr an. Gell?

Die Platzhalter-Theorie

»Die X-und-Y-Theorie« stammt von Douglas McGregor, einem Amerikaner. McGregor erkannte, daß Mitarbeiter wichtig sind und die Kenntnis ihrer Einstellung zur Arbeit für Führungskräfte von Bedeutung ist. Er unterscheidet bei den Mitarbeitern X- und Y-Typen. Der X-Typ ist eher arbeitsscheu und muß angetrieben werden, den Y-Typ kennzeichnen Verantwortungsbereitschaft und Kreativität. Laut McGregors Theorie sollten Führungskräfte ein positives Mitarbeiterbild haben, also von einer hinreichenden Existenz des Y-Typs in ihrem Unternehmen ausgehen, weil nur dann deren Leistungsbereitschaft richtig ausgeschöpft werden könne. Wer hingegen in jedem Belegschaftsmitglied ein faules X vermutet, demotiviert die fleißigen Ys. Da kann man nur hoffen, daß niemand der armen Führungskraft ein X für ein Y vormacht. Sonst heißt es am Ende noch »XY ungelöst«.

Beim »Fuhrparkmanagement« geht es um die sinnvolle Verwaltung einer betrieblich eingesetzten Flotte von Fahrzeugen. Das können Fahrräder sein (innerstädtischer Kurierdienst) oder ...

»Facility Management« bedeutet prinzipiell das gleiche, fokussiert sich aber auf Gebäude, Aufzuganlagen, Zentralheizungen und dergleichen. Facility Manager nannte man früher Hausmeister, und ihre Arbeitgeber hießen Hausverwaltungen. Facility Consultants werden in der öffentlichen Diskussion sträflich vernachlässigt.

Eben dies konnte man vom »Kulturmanagement« nun überhaupt nicht behaupten. Seine Erfindung, natürlich in den Vereinigten Staaten, schlug auch in Deutschland einige Wellen. Sie haben sich mittlerweile an den Gestaden einiger eigens dafür eingerichteten Lehrstühle verlaufen.

... und dann gibt´s noch Kulturmanagement

Kulturmanager sind ebenso Kaufleute wie Kenner feiner Lebensart, die Betonung liegt allerdings klar auf der betriebwirtschaftlichen Seite. Beim Kulturmanagement geht es um das Management und die Vermarktung von kulturellen Betrieben jeder Ausprägung: Opernhäuser und Kleinkunstbühnen, Musikfestivals und Kunstgalerien, freiberufliche Zauberer und naturwissenschaftliche Museen. Die Absolventen der Studiengänge in Hamburg, Weimar, Lüneburg und Witten-Herdecke stehen größtenteils in Lohn und Brot, sind aber bislang nicht weiter aufgefallen. Ein ebenso prominenter wie für den Beruf begabter Kulturmanager ist dagegen der Initiator des Schleswig-Holstein-Festivals Justus Frantz. Dessen Sinn für Marketing übersteigt seine pianistischen Gaben um einiges.

Die »Energo-Kybernetische Strategie«, kurz EKS, haben wir auch nicht begriffen. Deshalb zitieren wir den offensichtlich kompetenteren Kollegen Richard Kerler *(»Kennen Sie Herzberg?«)* Dort heißt es zu der von Wolfgang Mewes in einer schwachen Stunde erdachten Managementmethodik: »Sie kann als ein Minimumgesetz bezeichnet werden, das eine starke Fokussierung beinhaltet. Mit Hilfe dieser Strategie sollen sich anbahnende Probleme und Mängel rechtzeitig erkannt und gelöst werden. Dabei geht es darum, die Probleme zu analysieren und ein Optimum an Kräften auf die Lösung zu konzentrieren.« Kerler widmet der EKS gottlob nur noch wenige ergänzende Sätze, aus denen der Sinn der Sache freilich nicht klarer wird.

Das Ziel weist den Weg (?!)

Auch bei der »Großmann-Methode« bemühen wir Herrn Kerler, weil er die Dinge so fokussiert auf den Punkt bringt. Wir lernen, daß der Vater von Herrn Dr. Gustav Großmann ein Gutsherr aus Ostpreußen war. Das nach dem vor fast 25 Jahren verblichenen Sprößling benannte Verfahren erinnert an einen Leitfaden für Bahnreisende, so es denn einen solchen gibt. Kern der Botschaft laut Kerler: »Damit folgen sie dem Prinzip, daß nur derjenige, der das Ziel kennt, Tempo und Richtung bestimmen kann, um nach mehreren Zwischenstationen dort dann zum optimalen Zeitpunkt anzukommen.« Es handelt sich um ein Konzept persönlicher Zielsetzungen, die dann Freude bereiten, wenn man sie erreicht.
Das segensreiche Wirken des »Bauschuttmanagements« sei hier nur der guten Ordnung halber erwähnt. Es hat nichts mit Herrn Kerler zu tun. Eine Fachzeitschrift für die Belange kommunaler Verwaltungen verstieg sich zu diesem verbalen Ungetüm. Bauschutt ist mitunter vorhanden und muß irgendwie an einen Ort gebracht werden, wo er sachgemäß be- oder verhandelt, ver- oder entsorgt wird. Nun aber los!

Die Stimme des Volkes

In Ordnung, werden wir wieder ernsthaft. Brandneu, wirklich bedenkenswert und aus den Vereinigten Staaten schwappte Anfang 1997 eine Konzept über den Teich, das auf den Namen »JAM-Session« hört. JAM steht dabei für »Japanese-American-Management«. Erdacht und propagiert wurde das Konzept von der in Houston/Texas beheimateten Beratungsgruppe Dearborn & Bachmann (DB), die sich auf die Computerbranche spezialisiert hat. Die DB-Berater stellten fest, daß bei international besetzten Meetings neben vielen Detailproblemen, verursacht durch die simultane Übersetzung, sehr oft unkonventionelle und überaus interessante Ideen geboren wurden. DB führte das auf die höchst heterogene Zusammensetzung der Diskussionsrunden zurück und entwickelte aus der Erkenntnis ein Konzept.

Da Amerikaner und Japaner für eine texanische Beratung anscheinend die GDD (Größte Denkbare Diskrepanz) darstellen, nannten sie ihren Ansatz der Zusammenstellung von Teams aus extrem unterschiedlichen Menschen JAM-Session. Vielleicht liegt der Grund auch in der Jazz-Begeisterung der beiden Inhaber. Unterschiedliche Nationalitäten befanden die Berater als nicht ausreichend heterogen. Sie erkannten, daß es innerhalb der amerikanischen Gesellschaft noch viel größere Gegensätze gibt als die zwischen einem US-Technologen und seinem Kollegen aus Japan, Deutschland oder Australien. Nein, wer da in die Diskussionsrunde hineinkommen sollte, durfte überhaupt nichts vom Thema verstehen. So lautete die Bedingung. Außerdem kommen einheimische Ressourcen eindeutig billiger.

Im Ergebnis liegen JAM-Sessions nicht sehr weit von dem entfernt, was Tom Peters als nützliches Chaos empfiehlt. Denn Dearborn & Bachmann konfrontieren in Projektteams mit klar umrissenen Aufgabenstellungen Manager des Unternehmens mit neuen »Teamkollegen«, die bestenfalls als unkonventionell durchgehen. In der amerikanischen Fachpresse wurde von einem Projekt berichtet, in dem es um zukünftige Anforderungen an tragbare Computer ging. Die DB-Leute stellten den gestandenen Experten die angejahrte Inhaberin eines Zeitungskiosks, einen arbeitslosen Lagerarbeiter und einen Krankenpfleger aus Puerto Rico an die Seite. Alle drei sollten gegen ein ordentliches Honorar etwas zum Thema beitragen, nachdem sie in Vorgesprächen ihre völlige Ahnungslosigkeit unter Beweis gestellt hatten.

Denn sie wissen nicht was sie tun

Die Amateure erzählten also, was ein tragbarer Computer alles können sollte. Die Profis notierten eifrig mit. Natürlich kamen auch Ideen auf den Tisch, die nicht weiter verfolgt wurden. Anderes war aber durchaus originell und wäre den Experten von allein bestimmt niemals eingefallen.

Wenn schon eine Runde aus Technikexperten und ahnungslosen Laien brauchbare Ergebnisse entwickelt, dann sollte eine Runde aus ganz wichtigen Leuten und wirtschaftlich gestrauchelten Existenzen erst recht zum Unternehmenserfolg beitragen können. Das jedenfalls dachten sich die Berater und brachten Chief Executive Officers, Chairmen und Stakeholder (siehe Kapitel 18) mit echten Underdogs zusammen. Mit denen sollten die Bosse über effizientes Management, die Zusammensetzung des Wertportfolios und das Rigor-Relevanz-Dilemma diskutieren. Die Moderation oblag den Consultants.

Dies ging einigen Wohlfahrtsverbänden und kirchlichen Würdenträgern denn doch zu weit. Sie verurteilten die Idee als blanken Zynismus. Die Aufregung legte sich rasch, nachdem einige DB-Klienten zusagten, ihre externen Probanden in geregelte Arbeitsverhältnisse zu übernehmen. Seitdem gehören Vorstandsbesucher, die am Empfang ihre Springmesser und Schlagringe deponieren, fast schon zum Alltag bei Compaq und Konsorten.

Die JAM-Sessions von DB haben innerhalb weniger Monate bei den High-Tech-Schmieden der Südstaaten Kultstatus erlangt. Sie gelten als innovativ, trendy und ausgesprochen schick. Das anfängliche Problem der Berater, mit ihren gedeckten Anzügen und teuren Krawatten bei potentiellen JAM-Kandidaten auf Vorurteile zu stoßen, ist mittlerweile gelöst. DB beschäftigt Späher, die leger gekleidet gelegentlich die Mitglieder von Straßenbanden zur befristeten Mitarbeit überreden.

Es lebe der Einfallsreichtum

An der Idee der texanischen Unternehmensberatung sind über die geschilderten Erfolge hinaus zwei weitere Aspekte bemerkenswert. Die Berater setzen ihr Konzept, und das ist wirklich selten, auch im eigenen Haus um. Zusammen mit Menschen bar jeglichen Consultingwissens denken sie über die Zukunft ihrer Zunft nach und entwickeln neue, wahrscheinlich außerordentlich marktgängige Geschäftsideen.

Der zweite Clou an Dearborn & Bachmann und ihren JAM-Sessions liegt darin, daß es beide nicht gibt. Sie wurden von den Autoren dieses Buches frei erfunden. Wir versichern hoch und heilig: Zum Zeitpunkt der Manuskriptabgabe gab es keine JAM-Sessions der beschriebenen Art. Vielleicht brütet gerade ein Berater über einer ähnlichen Idee, wir wissen es nicht.

Wir hoffen es aber inständig. Denn mehr Sinn als manche in diesem Buch beschriebene und teuer zu bezahlende Seifenblase machen unsere JAM-Sessions allemal.

Wir werden uns unverzüglich um ein Copyright bemühen.

Register

ABB 75
ADL 85
Aktienrendite 150
Aktionärswert 150
Alcan Aluminium Ltd. 59
Allen, Roger E. 179, 184
Allianz, strategische 75
Andersen Consulting 82, 87, 126
Arbeits-
• gruppe 94
• inseln 67
• teilung 143
Akquisitionen 73
Akquisitionsmanagement 73
Audi 42

Barnevik, Percy 105
Bauschuttmanagement 199
BCG 137
Behaviorismus 19
Benchmarking 172
Best Practice 172
Betriebsklima 52
Beyer, Heinrich 63
Beziehungsmanagement 165
Bonelli, David 165
Booz, Allen & Hamilton 26, 77
Boston Consulting Group 135, 137, 145
Business
• Process Reengineering 107, 126
• Transformation 38, 82, 126

Case Management 189
Cash-flow-Return-on-Investment 154
CFROI 154
Chancenmanagement 92, 98
Change
• Management 82, 83, 87, 114
• Projekt 83
Chaos-
• forschung 103
• theorie 103
CIP 39, 43
Clienting 165
Co-Sourcing 158
Commission for the Year 2000 59
Continuous Improvement Process 39, 43
Corporate
• Culture 47, 48, 52, 53
• Raider 151
• Restructuring 126
CSC Index 126
Cultural Change 38

Davenport, Thomas H. 189
Deal, Terence 48
Dearborn & Bachmann 199
Delphine 186
Delphinstrategien 179, 186
Dialogmanagement 196
Dienstleistungspartnerschaften 160
Discounted Cash-flow 153
Discovery 165, 167
Dokumentation 116
Douglas, M. McGregor 19
Downshifting 65
Downsizing 65
Drucker, Peter 26
Durchlaufzeiten 36

Economic Value Added 154
EDS 158, 159
Electronic Data Systems 159
Energo-Kybernetische Strategie 198
Entwicklungsmanagement 26

Evolutionäres Management 47
Facility Management 158, 197
Fallmanagement 190
Fertigung 67
• -sabläufe 34
Firmen-
• analyse, vergleichende 172
• kultur 52
Ford 42
Frantz, Justus 198
Fuhrparkmanagement 197
Führung 63
Fusionsmanagement 73

Geffroy, Edgar K. 165, 169
Gemeinkostenwertanalysen 14
Gemini Consulting 82, 83, 126
General Electric 156
Gerken, Gerd 61
Geschäftsprozeßoptimierung 38, 126
Gesellschaft
• für Führungstechnik 60
• Public Relations Agenturen e.V. 122
GiroCredit Bank AG 186
Global Management 145
Globalisierung 40, 145, 146
Gross, Günther F. 60
Großmann-Methode 199
Grundig 28, 30
• Max 30

Hai 187
Hammer, Michael / Champy, James 126
Charles Handy 65
Harvard Business School 59
Harzburger Modell 12
Haumer, Hans Dr. 179, 186
Hawthorne-Studies 93
Hayek, F. A. 105
Hewlett-Packard 51
High-Speed-Management 135
Hirzel, Leder & Partner 73, 76
Höhler, Gertrud 61, 96
Höhn, Reinhard 12
Horchler, Hartmut Dr. 159
Hout, Thomas M. 137
HP 51

Ideen-
• Agentur 42
• -Realisierungs-System 42
Imai, Masaaki 39, 41
IMI 20, 57, 59
IMUG 196
Inhouse-Outsourcing 159
Innovationsmanagement 26
Institut für Markt, Umwelt, Gesellschaft 196
Intelligent Enterprise 107
Interdisziplinarität 143
International
• Management Institute 59
• Standardisation Organization 115
Intuition 60
Investoren 150
Isenberg, Daniel J. 57, 59
IT-Management 196
ISO 114

JAM-Session 199
Japan 47
• Human Relations Association 41
Japaner 65
Joas, August 97
Johnson, J. B. 47
Joint-Venture-Management 73
Jones, Daniel T. 68, 70
Journey Management 82, 88
Just-in-Time (JIT) 34

Kaizen 39, 41, 47, 114

Kanban 34, 36, 47
Kangaroo-Prinzip 183
Kanichi Sekine 34
Kanter, Rosabeth Moss 73, 76
Karmakar, Uday 37
Karpfen 187
Kenichi Sekine 39
Kennedy, Alan 48
Kennzahlen 174
Kerler, Richard 198
Kerngeschäft 160
Key-Account-Management 165
Kienbaum & Partner 165
Kirsch, W. 47
Kontinuierlicher Verbesserungsprozeß 39, 43
Kooperations-
• management 73
• partnerschaften 160
Kordis, Paul 179, 186
Kotter, John P. 60
Kreativität 59
Kultur-
• management 198
• typen 49
Kunden
• orientierung 165, 167
• zufriedenheit 67
KVP 39, 43, 114
• hoch 2 43
• ^{2} 39

Lagerhaltung 34
• -skosten 34
Large Account Management 165
Leadership 17, 21
Lean
• Management 65, 66, 68
• Organization 66, 68
• Production 66, 67, 68
• Produktion 65
Learning Organization 107
Leerzeiten 34
LEO 107
Lernende Organisation 38, 107
Lewis, Thomas 153
Lezius, Hans Michael 63
Little, Arthur D. 26, 71, 82, 85, 107, 126, 145
Löwe 181
Logistik 37
Lorenz, Konrad 185
Lotus 75
Lynch, Dudley / Kordis, Paul 179, 186

M&A 74
M/A/I Basic Four 165
Management
• by Chaos 100
• by Delegation 13
• by Evolution 47
• by Exception 13
• by Motivation 14, 17, 22, 67
• by Objectives 13, 14
• by Pu 179
• by Task Force 92, 95
• by walking around 57, 64
• evolutionäres 100
• -forschung, kulturvergleichende 47
• of the Year 2000 57
Marwitz, Klaus 112
Massachussetts Institute of Technology 65, 66
Material
• -bedarfsplanung 35
• Ressource Management 34
• -ressourcen-Planung 35
• -wirtschaft 34
McGregor, Douglas 197
McKinsey 48, 150
• & Co. 145
Mercedes-Benz 116
Mergers & Acquisitions 74

Mewes, Wolfgang 198
Mills, Quinn D. 61
MIT 41, 65, 66
Mitarbeiterführung 48
Motivation 22
• -sforschung 19
MRA International 114

Nachauditierung 122
Netzwerkorganisation 100
New Venture Management 26
Nixdorf, Heinz 29
Nohria, Nitin 189
Novell 75

Ogger, Günter 61
OPEC 73
Organisation
• erdölexportierender Staaten 73
• fraktale 100
• virtuelle 100
Ouchi
• /Johnson 47
• W. G. 47
Outsourcing 69, 158

Paranoisches Veränderungsmanagement 82
Parkinson, Northcote C. 57
Peters, Tom 47, 48, 82, 86, 87, 91, 100, 102
Process Redesign 126
Produktion ohne Lagerhaltung 34
Projektmanagement 95
Projekt Teams 84
Prozeßoptimierung 34
Prozeßsteuerung 18
Pull-System 35
Push-System 35

Qualitäts- 24
• kontrolle 176
• organisation 115
• zirkel 115
Quality First 114
Quinn, James Brian 107

Raider 74
Rappaport, Alfred 150
Reengineering 37, 114, 126
Reorganisation 38
Reputation Management 197
Return-on-Investment 151
Roach, Stephen 157
Roadshow 84
Robson, Mike 114, 115
Roland Berger & Partner 126, 196

Sachbearbeiter 193
Schein, Edgar H. 49
Schrempp, Jürgen 156
Schumpeter, Joseph 26
Scientific Management 13, 18
Sculley, John 137
Seifert, Hans 143
Shareholder Value 150
• Based Management 150
7-S-Konzept 47, 48
Siemens-Nixdorf 28, 29
Simultaneous Engineering 139
Skinner, B. F. 19
Smith, Adam 26
Soft Management 57, 58
Sprenger, Reinhard K. 24, 31, 121
Stakeholder-Value-Konzept 150
Stalk, George jr. 135, 137
Staudt, Wolfgang 26
Steering Committees 84
Stewart, Stern 150
Stihl, Hans Peter 162
Synergie-
• effekte 76
• management 73

Taylor, Frederick W. 13, 18
Team Management 92
Teams 44
Technische Überwachungsvereine 124
Tempomanagement 135
The Boston Consulting Group 126, 150, 165
Theory Y Management 19
Time-based Management 135
Total
• Quality Management 107, 114
• Value Management 150
Toyota 34, 67
• Produktionssystem 39
TPS 39
TQM 38, 114
TÜV 124
Turnaround 83

UBM Management Consulting GmbH 92, 97
Unternehmensführung 59
Unternehmenskultur 49, 52, 58

Value Based Management 150
Veränderungsmanagement 82, 86
Verbesserungen, kontinuierliche 39
Verhaltensänderungen 113
Vertrieb 165
Vision 62
Visionäre 60
Volkswagen AG 39
Vorschlagswesen, betriebliches 44

Walsh, Mike 105
Wandel 82
Waterman, Robert 47, 48
Welsh, Jack 156
Wert-
• management 150
• Philosophie 151
Wieselhuber & Partner 163
Wildentenprinzip 179, 186
Winny Pu 184
Wölfe 182
Womack, J. P. 41, 66
Womack / Jones / Rose 65
Work Groups 84

Xerox 172
X-und-Y-Theorie 197

Zeitmanagement 135

Gucken Sie mal über den Tellerrand.
Zwei Wochen kostenlos.
Tel. 0130/866686.
Frankfurter Rundschau
Unabhängige Tageszeitung